© 2016 por Meire Espirito Santo
© iStock.com/Izabela Habur

Coordenadora editorial: Tânia Lins
Coordenador de comunicação: Marcio Lipari
Capa e projeto gráfico: Jaqueline Kir
Diagramação: Rafael Rojas
Preparação e revisão: Equipe Vida & Consciência

1ª edição — 2ª impressão
3.000 exemplares — janeiro 2018
Tiragem total: 5.000 exemplares

CIP-BRASIL — CATALOGAÇÃO NA PUBLICAÇÃO
(SINDICATO NACIONAL DOS EDITORES DE LIVROS, RJ)

E78r

    Espírito Santo, Meire
    Resolva sua vida! / Meire Espírito Santo. 1. ed.
— São Paulo: Vida & Consciência, 2016.
    192 p. : il. ; 21cm.

    ISBN 978-85-7722-501-9

    1. Autorrealização. 2. Autoaceitação. 3. Pensamento Novo. I. Título.

16-32922   CDD: 158
                                     CDU: 159.947

Todos os direitos reservados. Nenhuma parte desta edição pode ser utilizada ou reproduzida, por qualquer forma ou meio, seja ele mecânico ou eletrônico, fotocópia, gravação etc., tampouco apropriada ou estocada em sistema de banco de dados, sem a expressa autorização da editora (Lei nº 5.988, de 14/12/1973).

Este livro adota as regras do novo acordo ortográfico (2009).

Vida & Consciência Editora e Distribuidora Ltda.
Rua Agostinho Gomes, 2.312 — São Paulo — SP — Brasil
CEP 04206-001
editora@vidaeconsciencia.com.br
www.vidaeconsciencia.com.br

RESOLVA SUA VIDA!

MEIRE ESPIRITO SANTO

SUMÁRIO

APRESENTAÇÃO 9
O PODER DO AGORA 13
SOLIDÃO 15
CRÍTICAS 17
SEJA O OBSERVADOR 19
PRUDÊNCIA 21
SER FELIZ 23
MUDANÇAS 25
SEJA SEU MELHOR AMIGO 27
FÉ 29
REINVENTAR-SE 31
LARGANDO OS MODELOS 33
NATUREZA ÚNICA 35
COMPARAÇÕES 37
MEDO 39
"NÃOS" QUE PRECISAM SER DITOS 41
PAZ 43
EU SOU MAIS IMPORTANTE 45
DESILUSÃO 47
CONVICÇÃO 49
ORGULHO 51

PENA	53
JULGAMENTOS	55
PONTO DE VISTA	57
SURPRESAS DA VIDA	59
DESAPEGO	61
AUTOAPOIO	63
PRIMEIRO PASSO	65
RESPONSABILIDADE POR SI	67
AMOR-PRÓPRIO	69
SEJA MANSO	71
SOLUÇÃO	73
ASSUMIR O SEU PODER	75
QUEM LUTA, PERDE	77
FAÇA POR SI	79
PASSADO	81
NÃO LEVE AS COISAS A FERRO E FOGO	83
FOFOCA	85
CUIDANDO DE VOCÊ	87
RENOVE-SE	89
CONTROLE X DOMÍNIO	91
PRAZER	93

NÃO DESSE JEITO 95
DÚVIDA 97
FICAR EM SI 99
NÃO FUJA DAS EXPERIÊNCIAS 101
ABENÇOE-SE 103
FICAR NO POSITIVO AGORA 105
SEJA VOCÊ MESMO 107
DESARME-SE 109
MOMENTOS DE INCERTEZA 111
NÃO DESISTA 113
FUNDO DO POÇO 115
NÃO SE DEIXE INDUZIR 117
CONQUISTAS 119
O PRAZER CURA 121
INDEPENDÊNCIA 123
MÁGOAS 125
COBRANÇAS 127
NÃO SE INTROMETA 129
VOCÊ É ÚNICO 131
CONFIE NA VIDA 133
NÃO É ERRADO ERRAR 135
PREOCUPAÇÕES 137
AMANHÃ É OUTRO DIA 139
ARRISQUE-SE 141
PERFECCIONISMO 143

TRIBUNAL NA CABEÇA 145
ERROS 147
PODER 149
ANSIEDADE 151
VALORIZAÇÃO 153
DEIXANDO IR 155
VITIMISMO 157
CRENÇAS 159
SUCESSO 161
DESISTA DE TER SEMPRE RAZÃO 163
NINGUÉM É OBSTÁCULO 165
HOJE É SEU DIA 167
VOCÊ SABE TERMINAR? 169
NÃO SOFRER POR ANTECIPAÇÃO 171
PROPÓSITOS DA VIDA 173
ACEITAÇÃO 175
AUTODEFESA 177
O VERDADEIRO VALOR 179
NÃO SE DEIXE INTIMIDAR 181
DESAFIOS 183
PONTO DE VISTA 185
DRAMALHÃO 187
O PODER DA ORAÇÃO 189

APRESENTAÇÃO

Mexer com crenças não é fácil. Sabe por quê? Porque crescemos e moldamos nossa vida em torno de um monte de ideias, que absorvemos de nossos pais, da família e da sociedade em que vivemos. Infelizmente, a maioria desse aglomerado de ideias é negativo, cheio de temores e limitações.

Os adultos que nos cercam nos despejam grande quantidade de crenças negativas, e nós as tomamos como verdadeiras e, mesmo sem termos consciência de algumas delas, crescemos e levamos a vida com base nessas crenças.

As declarações que você vai encontrar são justamente o oposto de tudo o que você aprendeu. Para alguns, pode ser difícil assimilar algumas afirmações, porque parecem distantes de sua realidade. Para outros, mexer com crenças negativas e já cristalizadas é difícil, é como "cutucar a ferida", é doloroso, mas esse processo de rever crenças faz parte do crescimento do espírito.

Por mais que seja doloroso mexer com alguma crença antiga e negativa, este livro é um bálsamo, um tesouro, uma carta de alforria para o espírito preso a tantos condicionamentos, que o impedem de expressar sua beleza e exuberância.

Aqui, você encontrará uma seleção de várias afirmações que o ajudarão a rever suas crenças, a fim de fortalecer as positivas, transformar e eliminar as negativas, e fazê-lo trilhar uma vida de realizações e sucesso.

Todos nós merecemos viver bem, mas só se vive bem consigo e com a vida quem consegue ter bons pensamentos acerca de si mesmo. Este é o propósito destas declarações.

Por isso, não é preciso lê-las em sequência. O mais interessante seria abrir este livro ao acaso, porque assim, você encontrará justamente a afirmação ideal que você procura, revelando-lhe uma boa ideia a ser absorvida no seu dia a dia, ou um desafio, convidando-o a mudar determinados condicionamentos.

Deixe-se levar por esta aventura, por novas descobertas, nessa eterna trajetória do seu espírito. Só não se esqueça de que você está, a todo instante, de um jeito ou de outro, resolvendo sua vida, e que está sempre sendo amado e protegido por Deus em qualquer situação. Confie na vida!

Marcelo Cezar

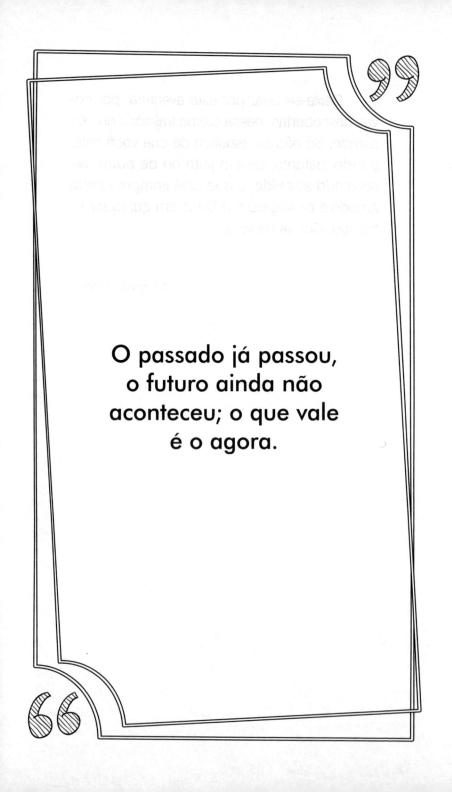

O passado já passou,
o futuro ainda não
aconteceu; o que vale
é o agora.

O PODER DO AGORA

Você não pode mudar o que aconteceu no passado, mas pode começar a construir, a partir de agora, um caminho mais positivo e realizador para a sua vida. Deixe o passado passar. Não fique olhando para trás, imaginando o que poderia ter sido. Não se arrependa, não se culpe de nada, você não tinha condições de fazer melhor naquela época. Se pudesse, já teria feito. Não deixe que cobranças baseadas na ilusão de um ideal o perturbem. Tudo foi aprendizado, tudo foi vivência necessária para o seu amadurecimento. O futuro é um eterno "vir a ser"; não se ligue nele, porque só vai lhe trazer ansiedade, inquietação, vai tirar a sua paz. O passado passou, o futuro está sendo desenhado com o que está fazendo agora por você e para você. Não desperdice esse presente precioso: o agora. Todo o poder só é real no agora. Não se esqueça disso.

Só se sente sozinho quem está longe de si. Por isso, a partir de agora, decido ficar comigo, do meu lado.

SOLIDÃO

Vivemos a ilusão de que precisamos nos dedicar a agradar os outros para que nos aceitem, nos aprovem. Deixamos nossos gostos de lado, nos colocamos em segundo lugar, esperando a aprovação e a retribuição do outro pela nossa dedicação. A experiência mostra que essa receita não funciona: quanto mais esperamos, menos vem. Em vez de retribuição, vem o jogo das cobranças e, muitas vezes, chegam a traição e o abandono, também. Somos traídos porque nos traímos, abandonados porque nos abandonamos para servir o outro. Ficamos no vazio porque buscamos e desejamos que o outro nos preencha e vamos, então, percebendo que só nos preenchemos de "si mesmo", com o que damos a nós mesmos. Muitas vezes, nos sentimos sós, mesmo estando no meio de muita gente. A solidão não é a falta dos outros, mas a falta de si, é o autoabandono gritando lá dentro o quanto estamos distantes da nossa alma. Seja a sua prioridade, dê a você os prazeres, as alegrias, a dedicação que você quer ter. Só quem está pleno de si pode dar sem esperar, apenas pelo gosto de dar. Se ligue em você. Só assim é que você, verdadeiramente, pode realizar o seu espírito.

Quem critica está se confessando. Não me interessa o que o outro pense de mim; importa o que eu penso de mim mesmo; afinal, eu vivo como penso.

CRÍTICAS

Elimine o sofrimento: tire a importância de querer ser "alguém" para os outros. Por mais que você faça, por mais que se empenhe, sempre terá alguém que vai criticá-lo. Se serve de consolo, saiba que quem critica os outros, faz isso consigo mesmo; os críticos sempre experimentam seu próprio veneno. Além disso, a pessoa que fala mal do outro, na verdade, está se confessando. Tudo o que ela deprecia ou censura no outro é dela mesma que está falando, porque ela é assim. Então, tire a importância disso. Não entre na loucura do outro. Você vive como pensa sobre si mesmo, não como os outros pensam de você. Não deixe que a opinião dos outros interfira no seu caminho, nas suas decisões, nas suas escolhas. Não se incomode ou fique constrangido com críticas. O constrangimento é porta aberta para a obsessão. Fique atento! Faça o seu melhor, siga sempre a verdade que você sente dentro do peito. "Os cães ladram e a caravana passa".

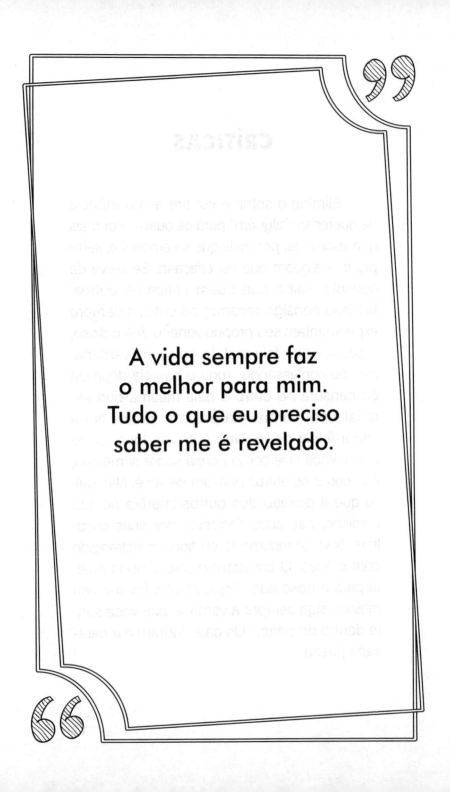

A vida sempre faz o melhor para mim. Tudo o que eu preciso saber me é revelado.

SEJA O OBSERVADOR

Não seja manipulado por pessoas e situações. Diante de uma situação, não aja no calor das emoções. Dê um passo para trás e seja o observador. Não se apresse, observe atentamente e queira ver além das aparências. Coloque essa intenção e não deixe a mente interferir. Afirme para si mesmo: "Tudo o que eu preciso saber me é revelado". Quando você não age e apenas observa com essa intenção, sua alma revela para você como agir. Parar e observar traz lucidez para ver o que, no calor das emoções, você não consegue perceber. Parar para sentir sempre nos leva a agir com sabedoria. Que tudo dê certo para você!

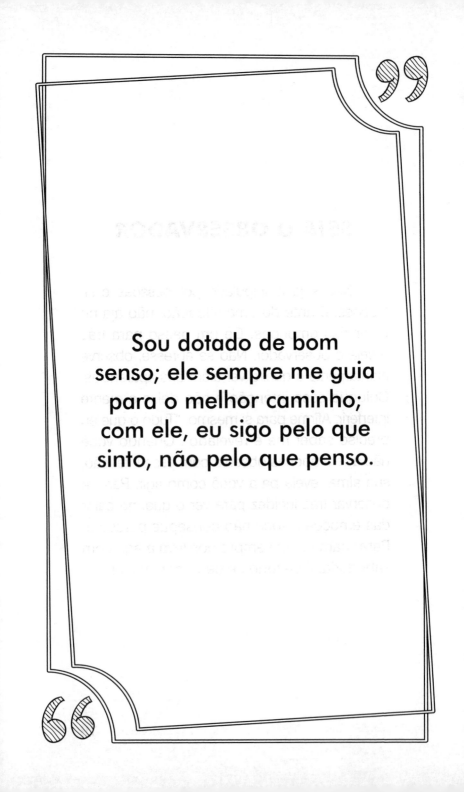

Sou dotado de bom senso; ele sempre me guia para o melhor caminho; com ele, eu sigo pelo que sinto, não pelo que penso.

PRUDÊNCIA

Prudência é diferente de medo. A prudência vê os riscos possíveis nas atitudes que tomamos, analisa o preço a pagar nas escolhas que fazemos. Tudo tem preço: tomar atitude tem preço, ficar sem fazer nada também. A prudência sempre olha para as questões avaliando, vendo o que é mais interessante fazer, sempre com inteligência, com observação baseada na realidade. O medo cria fantasmas de negatividade, é exagerado, catastrófico, irracional, ameaçador. Geralmente, com o medo vem a ideia "preciso agir assim, senão....", ou seja, sempre colocando imposição e não escolha, concentrando no errado, no prejudicial, no fracasso, na ameaça. Diferencie bem os dois conceitos para não deixar o medo paralisá-lo. Consulte seu guia interior, aí dentro do peito. O bom senso, que é sua alma, sempre o guia para o melhor. Para acertar, sempre se oriente pelo que sente.

Aproveite o dia de hoje para se dar um presente, uma atenção especial, um passeio, o prazer de fazer algo de que realmente gosta. Isso é um bom início para quem quer começar a se fazer feliz.

SER FELIZ

Muitas vezes, construímos um sonho e condicionamos nossa felicidade à realização dele. O tempo passa e mostra que nada do que esperamos se realiza ou não acontece como idealizamos. E então, nos frustramos, nos sentimos revoltados, com raiva da vida. Colocamos nossa felicidade na fantasia do sonho e a verdade nos visita trazendo a desilusão. A felicidade não vem de fora, não vem das pessoas, não vem de nenhuma situação, nasce da nossa capacidade de sermos felizes com o que temos agora, com o que somos neste instante. O momento presente é tudo o que temos. Solte as expectativas e as condições. Se permita ser feliz, apesar das pessoas e das situações. O que você pode fazer agora para ficar feliz? Afinal, trata-se da sua vida, não a desperdice, esperando, esperando... Preste atenção ao que sente. Se dê hoje um presente, uma atenção especial, um passeio, o prazer de fazer algo de que realmente gosta. Isso é um bom início para quem quer começar a se fazer feliz.

> O que é bom passa,
> mas o que é ruim,
> também passa.

MUDANÇAS

A única coisa que permanece na nossa vida é a mudança porque tudo está em constante mudança. E, queiramos ou não, tudo passa. O que é bom passa, mas o que é ruim, também passa. Entre sentimentos de perda e alívio, as situações que a vida traz têm nos ensinado que não temos, verdadeiramente, posse de nada nem de ninguém, só usufruto temporário. A vida nos ensina também que não há amarras que não possam ser desfeitas, limites que não possam ser ultrapassados, experiências que não possam ser vividas. E então percebemos que, tão importante quanto ser forte é ser flexível, é ser capaz de adaptar-se às mudanças que a vida traz e aprender com elas, no exercício constante do desapego.

> Se a vida o trata como você se trata, que tal tratar você como seu melhor amigo?

SEJA SEU MELHOR AMIGO

Muitas vezes nos maltratamos, pensamos mal de nós mesmos, nos criticamos, esquecemos tudo de bom que fazemos, vivemos nos culpando, achando que não somos bons o bastante. As pessoas acabam nos tratando como nos tratamos. O mundo ao nosso redor é reflexo do que estamos fazendo conosco por dentro. Não faça com você o que os outros já fizeram de ruim com você. Seja seu melhor amigo. Note que, para um grande amigo, você sempre arruma tempo, dá apoio, dá o melhor de si, trata-o com consideração. Seja e faça o mesmo para você. Seja o seu amigo número um. A vida o trata como você se trata. Comece agora a mudar o tratamento que você se dá. Tenha certeza: é dessa consideração que você está precisando. Fique com você, amorosamente.

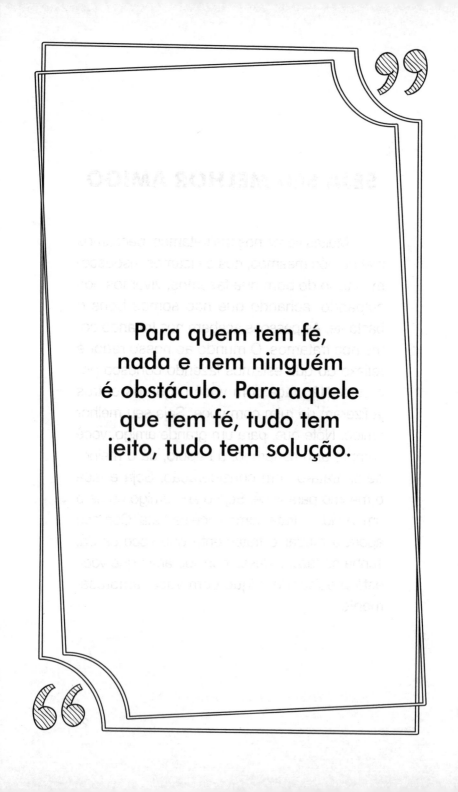

> Para quem tem fé,
> nada e nem ninguém
> é obstáculo. Para aquele
> que tem fé, tudo tem
> jeito, tudo tem solução.

FÉ

A fé remove montanhas de obstáculos. Com fé, contamos com o melhor, com ajuda especial, com o Invisível. A força da fé é um ímã que atrai a cura, o equilíbrio, a solução. Não se ligue no racionalismo da mente. A fé transcende as limitações que a mente tenta lhe impor. Milagres existem, sim, e quem tem fé sabe disso, e, com certeza, já viveu essa experiência. Lá no fundo do peito, você sabe que é verdade. Fé na vida, fé na Inteligência Divina que está no comando de tudo, fé em nós, nas nossas forças, na Força Divina que nos guia internamente. Fique ligado nisso, olhe para as situações da sua vida com os olhos do espírito e não se abale. Para quem tem fé, nada e nem ninguém é obstáculo. Para aquele que tem fé, tudo tem jeito, tudo tem solução. Para uma pessoa de fé, não existe caminho errado, tudo é caminho de aprendizado e avanço.

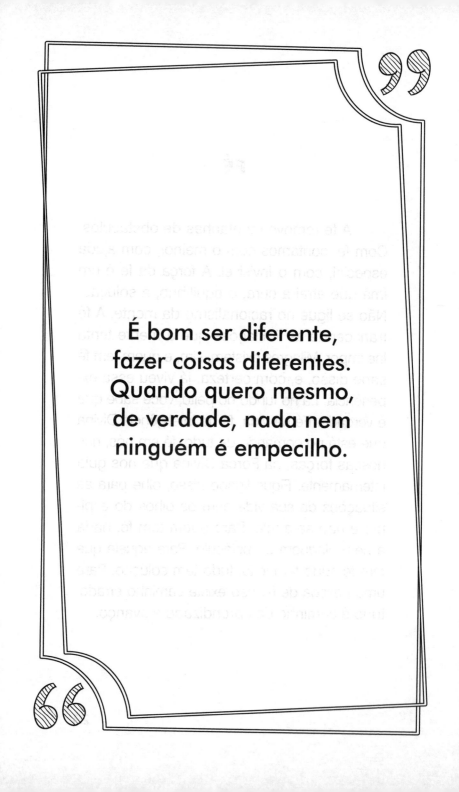

É bom ser diferente, fazer coisas diferentes. Quando quero mesmo, de verdade, nada nem ninguém é empecilho.

REINVENTAR-SE

Você não sabe do que é capaz... até tentar. Não menospreze sua capacidade de aprender, de se superar, de ir além. Não invente para si mesmo dificuldades como idade, falta de tempo, distância... Quando você quer, mesmo, de verdade, nada nem ninguém é empecilho. Solte-se, invente moda, saia da mesmice. A vida passa tão depressa! Não a deixe passar sem desfrutá-la, sem se dar o prazer de conhecer aspectos seus que você nunca deu chance de virem para fora, de se lançar nas experiências mais surpreendentes. Você tem dons que nem sabe que tem. Faça o que sente vontade; seus anseios levam à realização da sua alma. Se dê a chance de ser a sua melhor versão.

Saia do senso comum
e deixe seu espírito se
revelar. Tem muita
grandeza, muita sabedoria
dentro de você.

LARGANDO OS MODELOS

Se seguirmos o caminho que todo mundo segue, só iremos chegar aonde todo mundo chega, o que não garante nenhuma realização; na maioria das vezes, só se chega à frustração. Quantas vezes você fez tudo como manda o figurino e se deu mal? Quantas vezes se esforçou e quando alcançou o que queria tanto, não era como você imaginava? Pare de seguir os modelos sociais, de fazer as coisas porque "todo mundo" faz, deixe de querer o que "todo mundo" quer. O seu espírito é grande, é único, é especial. Sua história não vai ser como a de ninguém. Saia do senso comum e deixe o seu espírito se revelar para você. Tem muita grandeza, muita sabedoria dentro de você. Vá além, silencie a mente e deixe a voz do seu espírito lhe dar a direção para seguir seus passos daqui por diante. Pare de dar ouvidos aos outros. Pare de copiar os outros. No silêncio interior, ouça Deus aí dentro do seu peito, onde está o seu guia. Sua vida só tem sucesso e realização quando você segue o que sente.

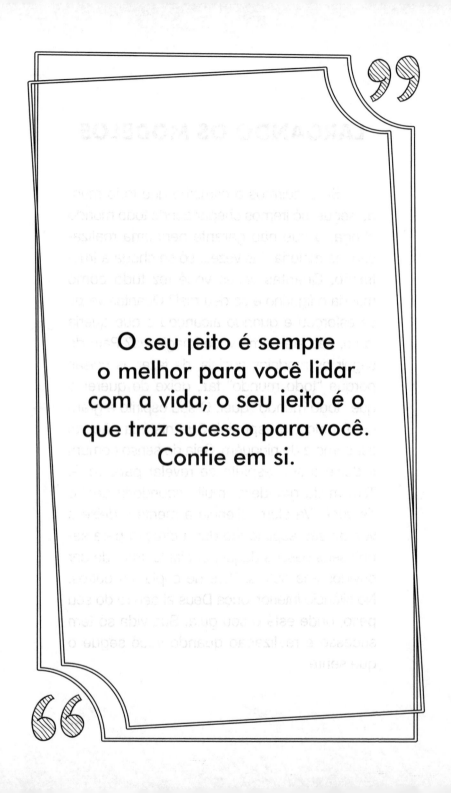

O seu jeito é sempre
o melhor para você lidar
com a vida; o seu jeito é o
que traz sucesso para você.
Confie em si.

NATUREZA ÚNICA

A verdade da vida é que a natureza nos fez únicos. Não há ninguém igual. Essa é a realidade. Os conflitos nascem quando negamos a realidade e vivemos na ilusão, quando negamos a nossa natureza, o nosso jeito de ser e tentamos nos encaixar nos padrões, nos modelos, nos ideais. O real é a sua natureza, portanto, escolha ficar do lado do real. Negue as formas e exigências do mundo à sua volta. Não absorva o mundo, não o copie, pois a sua natureza é a expressão de Deus em você. Confie no bom senso da sua essência divina para guiá-lo na vida. O seu jeito é sempre o melhor para você lidar com a vida; o seu jeito é o que traz sucesso para você. Confie em si.

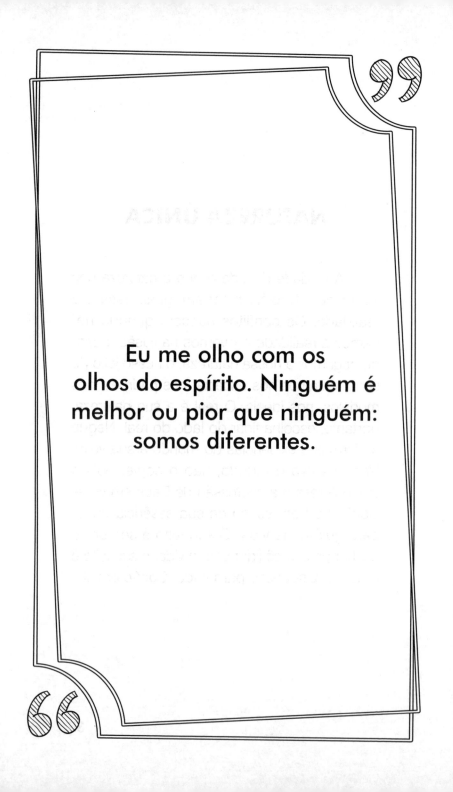

Eu me olho com os olhos do espírito. Ninguém é melhor ou pior que ninguém: somos diferentes.

COMPARAÇÕES

Quando negamos nossa natureza, nosso jeito único de ser e queremos ser igual aos outros, damos início às comparações. No jogo das comparações vamos nos sentir numa gangorra, ora vamos nos sentir melhores, ora piores que os outros. Quando nos sentimos melhores que os outros, acabamos sendo esnobes e afastamos possibilidades de contato e troca que poderiam ser muito boas para nós. Quando nos sentimos piores que os outros, a sensação é de que somos perdedores, inadequados, esquisitos. Nos sentindo "menos", vamos nos tornando ciumentos, invejosos, revoltados, inconformados, rabugentos... Saia desses altos e baixos. Olhe-se com os olhos do espírito. Ninguém é melhor ou pior que ninguém: somos diferentes. O que você chama de esquisitice é o seu charme. É esse jeito só seu de fazer as coisas, de ser quem você é que é bacana em você. O sucesso é ser quem você é, sem fazer pose, sem querer parecer ser.

A vida é uma deliciosa aventura.

MEDO

Quando temos medo de sofrer, já estamos sofrendo. Quando temos medo de fracassar, já estamos no fracasso. Quando estamos com medo de nos arriscar, já estamos correndo o risco. O medo rouba nossa alegria de viver. O medo se apresenta na forma de algo que nos protege de algum mal, mas, na verdade, na presença dele, tudo de ruim já está acontecendo. Com medo não somos quem podemos ser. Não deixe que o medo o detenha. A vida é uma aventura. Enfrente o medo e siga em frente.

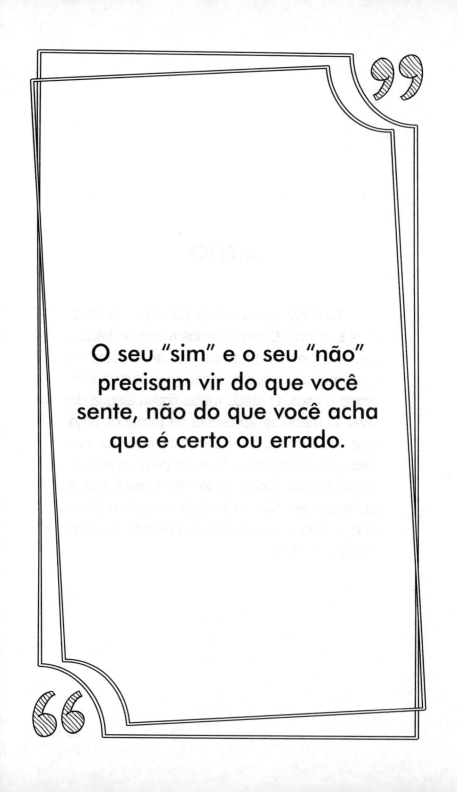

O seu "sim" e o seu "não" precisam vir do que você sente, não do que você acha que é certo ou errado.

"NÃOS" QUE PRECISAM SER DITOS

Examine aí dentro e veja quantos "nãos" você deixou de dizer para contemporizar. Quantas vezes você se pôs de lado, se desvalorizando ao negar o que sente para ser polido socialmente, se obrigando a fazer o que não gosta e não quer? O que você ganhou agindo assim? Valeu a pena se perder de si mesmo para atender aos outros? Você tem coragem de abdicar do status de "bonzinho" para assumir o que sente, de verdade? Respeite o que sente porque o mundo o trata como você se trata. Muitas vezes, ao dizermos "não" para os outros, estamos dizendo "sim" para nós mesmos. O seu "sim" e o seu "não" precisam vir do que você sente, não do que você acha que é certo ou errado. O que você sente é sempre a verdade da sua alma. Essa é a única orientação segura para a sua vida.

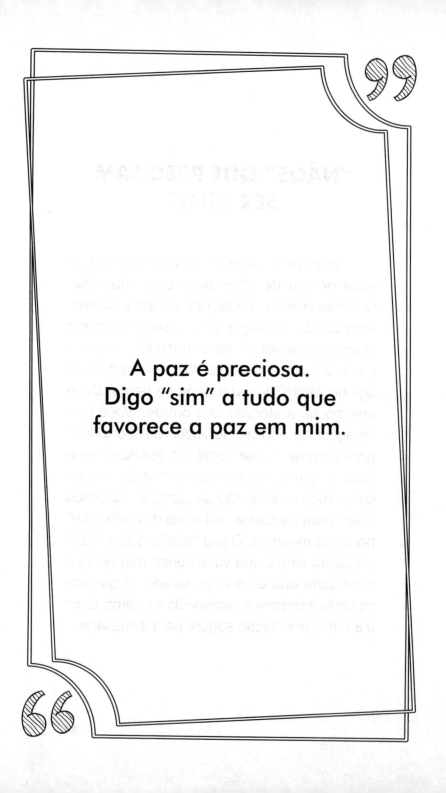

A paz é preciosa.
Digo "sim" a tudo que
favorece a paz em mim.

PAZ

Declare paz na sua vida agora. Declare paz nos pensamentos. Paz nas atitudes. Paz na forma como vemos, como ouvimos e como interpretamos as coisas. Na sintonia da paz, tudo encontra solução, tudo flui com facilitação. Com a intenção da paz, as conversas sempre se encaminham para o entendimento, para o acordo, para o bem de todos os envolvidos. Com paz, nosso estado interior se equilibra e podemos estar em contato com a verdade do nosso espírito. A paz é preciosa. Diga "sim" a tudo que favorece a paz em você. Negue, não aceite o que você sabe que pode tirar a sua paz.

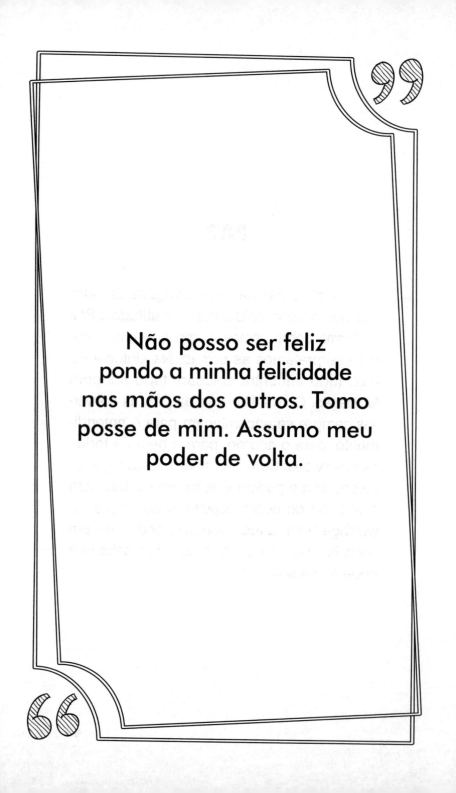

> Não posso ser feliz pondo a minha felicidade nas mãos dos outros. Tomo posse de mim. Assumo meu poder de volta.

EU SOU MAIS IMPORTANTE

Quando se sentir afetado por uma situação, afirme para si mesmo: "Eu sou mais importante que tudo". Deixe essa frase repercutir em você. É a importância que damos às pessoas e às situações que faz com que sejamos vulneráveis a elas. Você pode gostar das pessoas ou das situações, mas você não precisa delas. Quem é você para você? Você é sua prioridade? Nada e nem ninguém têm poder sobre você quando você escolhe se pôr em primeiro lugar. Não se pode ser feliz pondo a nossa felicidade nas mãos dos outros. Tome posse de si. Assuma seu poder de volta.

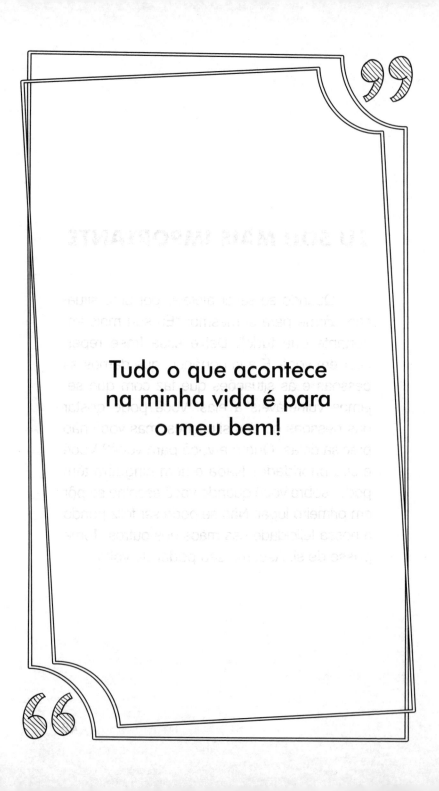

Tudo o que acontece
na minha vida é para
o meu bem!

DESILUSÃO

Abençoe a chegada da desilusão. Isso significa que percebeu a tempo que aquele não era um bom caminho para você. É a vida o convidando a ter um novo jeito de olhar e uma outra atitude em relação a esta situação ou, simplesmente, lhe mostrando que a direção é outra. Tudo que nos acontece é para o nosso bem, mesmo que no primeiro momento não tenhamos a percepção clara disso. Tudo está certo no universo. Depois de um tempo, olhando pra trás, você verá que o que é hoje uma desilusão, um sofrimento, uma dor, foi a sua cura, a sua libertação, o início de um caminho com oportunidades reais de realização. Fique na paz da confiança absoluta de que tudo conspira para o seu crescimento e melhora porque Deus está no comando de tudo.

Quando eu quero mesmo, com convicção, nada é forte o suficiente para me impedir, nada é empecilho, tudo conspira a favor, tudo flui, as condições aparecem.

CONVICÇÃO

Para fazer mudanças é fundamental ter convicção. A pessoa que precisamos convencer é sempre a nós mesmos. Não adianta ter pessoas à nossa volta nos estimulando, nos apoiando, se não tivermos o nosso apoio, se não estivermos convictos do que queremos. Sinta no peito o anseio da sua alma. Quando a gente quer, mesmo, com convicção, nada é forte o suficiente para nos impedir, nada é empecilho, tudo conspira a favor, tudo flui, as condições aparecem. Quando há impedimentos, examine se sente mesmo que o que quer é para você. A dúvida cria dificuldades. Você é a lei. Convicto, ninguém o segura.

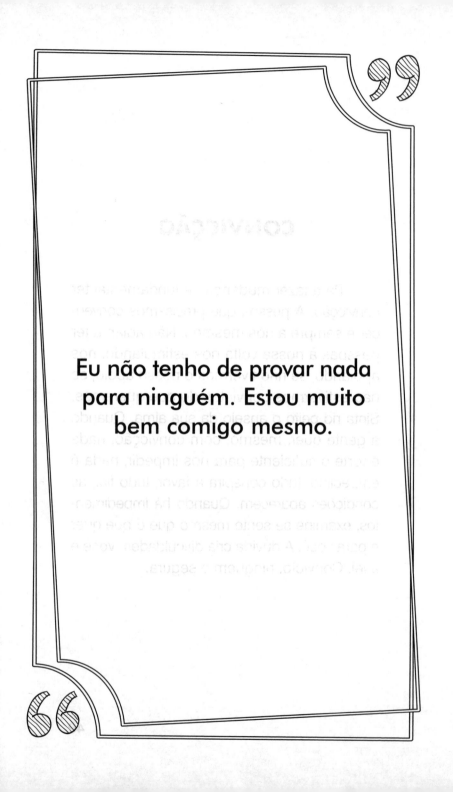

Eu não tenho de provar nada para ninguém. Estou muito bem comigo mesmo.

ORGULHO

O orgulho é sempre mau conselheiro. Não deixe que ele feche as portas aos entendimentos possíveis. Não temos que provar nada a ninguém. Se seu coração diz "sim", deixe o orgulho de lado e se permita voltar atrás. Se seu coração diz "não", deixe o orgulho de lado, não queira mostrar que tem razão, simplesmente assuma o seu "não" de forma total. O confronto é sempre desgastante e não é bom. Saia do confronto orgulhoso de quem quer sempre ter razão. Assuma a estratégia da paz. Seja qual for a sua resposta, tudo pode ser com paz e em paz. Se não for possível essa paz fora, que seja dentro de você.

Qualquer que seja sua escolha, não ouça o orgulho, ninguém tem nada a ver com a sua vida, sinta o que vai no seu peito e siga. Quem se ouve, escolhe com paz, escolhe com a alma.

> Sou forte e tenho
> a Luz Divina para
> me guiar na vida.

PENA

Não tenha pena de si mesmo. Não tenha pena de ninguém. Quando temos pena, estamos dando força às fraquezas, estamos desconsiderando o nosso poder e a capacidade de superação, estamos desconsiderando a força, a garra, a luz, a Força Divina que mora dentro de cada um. Reconheça Deus dentro de si e dos outros. Não há o que ter pena. Cada um de nós está na sua lição. Não perca a chance de aprender com os erros, de descobrir seus talentos e sua força, e não seja aquele que impede os outros de descobrir a força que eles têm.

Quem confia no que sente não tem espaço para julgar, caminha tranquilo na vida e não segue nenhum modelo. Por esse motivo, o meu jeito é o jeito certo para mim.

JULGAMENTOS

Há muito mal disfarçado de bem. Para nos seduzir, a crítica se apresenta de forma a pensarmos que ela nos estimula a melhorar, mas, na verdade, ela só nos faz procurar "defeitos" em nós e nos outros, gerando ansiedade, raiva, culpa, estresse. A crítica se apresenta no pensamento como se fosse a voz da razão. Não precisamos de razão, precisamos de bom senso. O bom senso é coisa da alma. As coisas da alma provocam sensações positivas no nosso corpo. Por isso, deixe o pensa-pensa de lado e sinta no peito o que é adequado para você. Toda sabedoria necessária para tocar sua vida com harmonia está dentro de você. Dê a chance de se escutar aí dentro do peito. Pare com as críticas; errado é você achar que você é um errado. Confie no que sente e não siga nenhum modelo. O seu jeito é o jeito certo pra você.

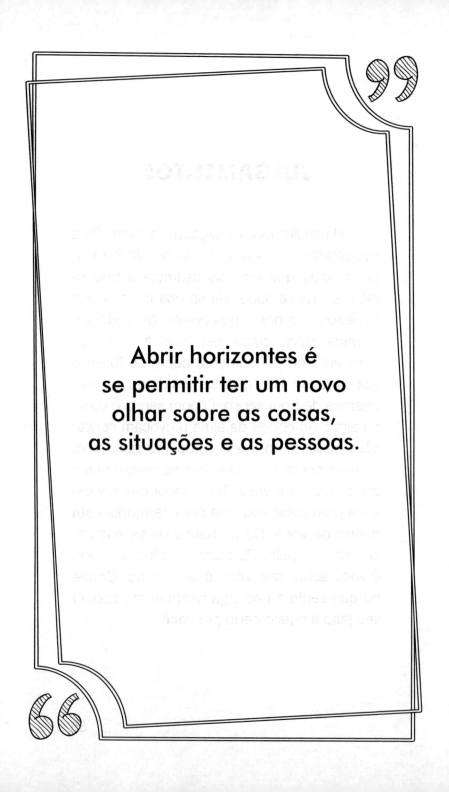

Abrir horizontes é
se permitir ter um novo
olhar sobre as coisas,
as situações e as pessoas.

PONTO DE VISTA

Nada se repete; tudo está mudando o tempo todo. Por isso, nossos pontos de vista não podem ser estáticos, fechados, como se fossem verdades absolutas. A limitação em nós acontece a partir do momento em que ficamos parados num mesmo ponto de vista. Abrir horizontes é se permitir ter um novo olhar sobre as coisas, as situações, e as pessoas. Sempre que estiver defendendo muito uma ideia, brinque de mudar de lado. Deixe sempre um canal aberto para que sua percepção se amplie. Sua visão de mundo ampliada traz mais facilmente soluções e respostas, compreensão e aceitação da realidade, facilitando as tomadas de decisão com os pés no chão.

Deixe a vida surpreendê-lo. Queira menos, largue o controle, faça sempre o seu melhor e se entregue nas mãos da Inteligência Divina.

SURPRESAS DA VIDA

Esteja sempre preparado e aberto para resultados não pretendidos, para o inusitado, para o que você nem sequer imaginou para si. A vida sempre trabalha pelo seu melhor. O inesperado sempre quebra padrões preestabelecidos que não são mais funcionais. Muitas vezes, o que tanto planejamos e queremos não traz a realização que esperávamos, e o que menos imaginamos nos toma de surpresa e faz toda a diferença. Deixe a vida surpreendê-lo. Queira menos, largue o controle, faça sempre o seu melhor e se entregue nas mãos da Inteligência Divina. Ela é que guia o seu espírito para a realização do Plano Divino em sua vida.

Apenas temos usufruto temporário e, se formos inteligentes, vamos aproveitar o momento presente para viver e conviver do melhor jeito possível e escolher estar com quem realmente tem a ver com a gente.

DESAPEGO

Nada na nossa vida é por acaso. Tudo tem lição. A vida nos impõe mudanças constantes e quando nos negamos a isso, a dor aparece. O jeito é se render. A vida é soberana e sempre ganha da gente. Melhor ser manso para que as transformações necessárias aconteçam pela inteligência e não mais pela dor. Não brigue com a vida, aprenda logo a desapegar-se, porque logo ela irá ensinar que nada, nem ninguém é seu, que as posses são todas feitas de ilusão. Na verdade, temos usufruto temporário e, se formos inteligentes, vamos aproveitar o momento presente para viver e conviver do melhor jeito possível e escolher estar com quem realmente tem a ver com a gente. Por isso, aproveite cada momento, não adie seus sonhos, não desperdice oportunidades. Não perca a chance de fazer o seu melhor e de fazer a sua vida valer a pena. Você merece isso.

Não se iluda com os outros. Seja cooperativo, mas não se abandone em função de ninguém. Tudo e todos vão passar. Construa, então, uma relação amorosa e acolhedora consigo mesmo.

AUTOAPOIO

O céu e o inferno não são lugares, são estados interiores. Nossas escolhas, nossas atitudes, nossos pontos de vista estarão conosco onde estivermos. Apoie a si mesmo, sua natureza, seu temperamento. Escute a verdade da sua alma falando com você aí dentro do peito. Não se iluda com os outros. Seja cooperativo, mas não se abandone em função de ninguém. Tudo e todos vão passar. Construa, então, uma relação amorosa e acolhedora consigo mesmo. Comece hoje a se tratar como seu melhor amigo. Você estará consigo pela eternidade. Alimente, desde já, o respeito, o amor, a dedicação por si mesmo. Alimente só o que é positivo, o que lhe faz bem. Verdadeiramente, o que você constrói e alimenta de bom dentro de si é o seu maior tesouro.

Qualquer caminhada sempre começa com um primeiro passo.

PRIMEIRO PASSO

Muitas vezes, aquilo que temos como objetivo de vida nos parece distante e, às vezes, realmente está. Mas qualquer caminhada sempre começa com um primeiro passo. Tenhamos a coragem de dar o primeiro passo na direção do que sentimos que é justo e correto, digno da grandeza do nosso espírito e que pode nos realizar de fato. Os próximos passos fluirão mais facilmente e, quando menos pensarmos, estaremos desfrutando do que hoje é só um sonho.

O meu destino é feito
das escolhas que faço.
Decido por escolhas
a meu favor.

RESPONSABILIDADE POR SI

Ninguém nasceu para pensar no seu bem-estar ou cuidar de você. Você é responsável por si e pelo que decide fazer da sua vida. A vida o dotou de inteligência, de capacidades e de livre-arbítrio para que faça as melhores escolhas por si. Não existe o "não consigo". Leve a sério a sua vida. Não desista de você. Não se abandone. Você é imortal, portanto, não adianta se largar porque você não terá fim. A morte não é o fim. Se você se largar, terá que recomeçar e, às vezes, com mais dificuldades. Não crie obstáculos para si mesmo, decida hoje ficar cem por cento do seu lado. Não se mime, exija de si o melhor que pode se dar, como um pai amoroso que sabe ser firme com o filho na hora certa porque sabe do potencial dele e quer que ele se desenvolva. Nosso destino é feito das escolhas que fazemos. Faça escolhas a seu favor.

Ame-se, respeite-se, trate-se como se fosse seu melhor amigo.

AMOR-PRÓPRIO

Quando você tem um amigo muito querido, se ele o procura depressivo, preocupado com algo, ou revoltado, ou cheio de culpas, você se empenha em mostrar a ele a pessoa bacana que ele é, vai lembrá-lo das muitas qualidades que ele tem, da capacidade que ele tem de dar a volta por cima, enfim, você vai estender a mão para que ele se levante. Por que você é capaz de fazer isso com alguém querido e não é capaz de fazer isso consigo mesmo? Ame-se, respeite-se, trate-se como se fosse seu melhor amigo. É desse amor-próprio que temos carência. Se todos lhe derem as costas, mas se você tiver o seu apoio, você vai superar qualquer dificuldade, entretanto, se receber o apoio dos outros e não tiver o seu, nada do que fizerem para ajudá-lo será suficiente. Ninguém dá o melhor de si quando só recebe críticas, cobranças... lembre-se disso. Tenha respeito por você. Acima do amor de quem quer que seja, o que você precisa, em primeiro lugar, é do seu próprio amor. O nome disso é dignidade.

AMOR PRÓPRIO

A vida sempre trabalha
para o seu bem,
por isso, seja manso
e siga em frente.

SEJA MANSO

Tudo na vida é exercício, treinamento para o nosso espírito, para o despertamento da confiança em nós, para termos firmeza, perseverança, garra. O mundo é dos fortes e a vida nos incita a buscar a força interna para vencermos nossas ideias de limite e superarmos nossas fraquezas. A lição nos busca onde estivermos. Então, seja manso com a vida. Não lute com ela. Sinta o que ela quer de você, que lição você tem para aprender e mude suas atitudes; positive-se, porque se você não fizer isso pela inteligência, a vida vai trazer a dor para você se obrigar a fazer. Ela sempre vence. Ela está a favor da evolução, que nunca para. Ela sempre vai exigir o seu melhor, ela sempre vai trazer experiências para você se superar. A vida sempre trabalha para o seu bem, por isso, seja manso e siga em frente.

Deus está no comando da vida e, de maneira inteligente, está guiando os processos de cada um de nós para o sucesso.

SOLUÇÃO

Toda vez que tiver uma questão, não olhe para ela como um problema. É apenas uma situação. Tudo tem jeito, tudo tem solução e você sempre saberá resolver as questões que surgem em sua vida. Portanto, largue agora o "dramático" que existe em você. Toda vez que uma situação parecer um "problemão", identifique logo que tem muito "drama" exagerando a situação, tentando criar medo, pondo dificuldade. Acima das ideias negativas da mente, Deus está no comando da vida e, de maneira inteligente, está guiando os processos de cada um de nós para o sucesso. Foco no bem e na solução, sempre. O resto é consequência.

Nenhum problema existe sem solução. Nenhuma questão nesta vida é maior que a Força Divina que mora em você. Confie nisso.

ASSUMIR O SEU PODER

Pare de potencializar o negativo. Os problemas só crescem se você der força para eles. Nada é tão sério que não tenha solução. Nada é tão importante que você não possa dar jeito. Nenhum problema existe sem solução. Nenhuma questão nesta vida é maior que a Força Divina que mora em você. Confie nisso. Potencialize essa força e nada nem ninguém terão poder sobre você. Tenha fé nesta força em você e começará a ver as coisas como elas realmente são: apenas situações para exercitar sua capacidade para lidar e solucionar. Jesus já dizia: "Vós sois deuses". Precisamos ter fé e acreditar nessas palavras e com isso, praticarmos o exercício diário de assumir o poder sobre nós mesmos e sobre nossa vida.

Escolha fazer o seu
melhor, sempre,
e coloque foco em
você, no seu crescimento
e na sua realização.

QUEM LUTA, PERDE

Quem luta, perde. Quem luta sempre encontra adversário, sempre encontra confronto. Uma estratégia mais inteligente é colocar ou tirar a importância. Tudo que colocamos importância cresce e tudo que tiramos a importância, desaparece. Vamos dar importância a quem nos valoriza, nos respeita, nos aceita. Vamos tirar a importância das fofocas, das críticas, de tudo que põe medo, dúvida, dor, preocupação. Em vez de se desgastar, tire a importância de todo mal que há entre você e as pessoas. Escolha fazer o seu melhor, sempre, e coloque foco em você, no seu crescimento e na sua realização. Escolha dar importância a tudo que lhe proporciona prazer e alegria. É deste bem que nosso espírito se alimenta. Só o bem faz bem. Fique nesta sintonia.

Eu cuido de mim,
com amor e alegria.

FAÇA POR SI

Não perca a oportunidade de fazer, você mesmo, tudo de bom em sua vida. Não se vicie no comodismo de ser servido ou que os outros resolvam as coisas por você. O uso constante das suas habilidades é o que o desafia a desenvolver outras tantas, é que constroe e fortalece a confiança em si mesmo. Tudo tem preço e o preço da dependência pode custar a sua dignidade. O mimo sempre vem disfarçado de bem, mas o torna vulnerável e dependente.

O passado já era.
O importante é viver
agora. Só o agora.

PASSADO

O que passou, passou. O que passou já nos ensinou o que tinha para ensinar. Então, para que ficar remoendo o que passou? Podemos ter a memória, mas não precisamos nos perder nela. A vida é o agora. Agora é que você tem a chance de fazer diferente. Eleja o momento presente para fazer a diferença em sua vida: abra mão do que passou, não viva com os fantasmas do passado e você não é, também, a pessoa que você foi. A vida é o agora. Você não pode voltar ao passado e mudar o que se passou, mas hoje você pode ter uma atitude diferente em relação a isso. Arrisque-se a fazer o que sempre teve vontade e faltou coragem. Seu tempo é o agora.

Sou flexível porque tudo na vida é relativo, tudo depende da situação, do momento, das condições que tenho.

NÃO LEVE AS COISAS A FERRO E FOGO

Por mais difícil que lhe pareça determinado aspecto da sua vida, sinta dentro do peito que algo em você sabe que tem uma Inteligência no comando de tudo. Mesmo que não compreendamos o que estamos vivendo, sem saber os porquês, essa Inteligência está agindo a nosso favor, criando situações para que saiamos da nossa visão estreita das coisas e possamos nos abrir para um novo ponto de vista, para outra postura perante aquela situação. Esteja receptivo, sempre, às mudanças, porque somos seres em evolução e mudar faz parte da nossa vida. A vida é dura e difícil quando nos enrijecemos nas nossas opiniões. Seja flexível, tudo na vida é relativo, tudo depende da situação, do momento, das condições que temos. Não leve as coisas a ferro e fogo. Isso só vai machucar você.

> Cada um é um. Por isso, cuido da minha vida com alegria e alimento minha autoestima com pensamentos amorosos.

FOFOCA

A fofoca sempre nasce da baixa autoestima. A pessoa que fofoca está mal consigo mesma, está se sentindo "por baixo", então, busca "defeitos" nos outros, tentando rebaixá-los para que se sinta bem. Consciente disso, se sentir o impulso de dar atenção à fofoca, se comprazendo em ver os supostos erros dos outros, questione a si mesmo sobre sua autoestima. Até que ponto você não deve estar se pondo abaixo dos outros para ter essa necessidade de buscar o pior das pessoas para se sentir melhor? Todos nós estamos no mesmo barco, ou seja, estamos fazendo o melhor que podemos, o melhor que sabemos. Se nessa busca acertamos e erramos, os outros também acertam e erram. Quem somos nós para julgar?

Eu só conto comigo mesmo.

CUIDANDO DE VOCÊ

A vida é feita do que você escolhe fazer dela. O que você pensa, sente e acredita definem o caminho que você vai seguir e quem paga o preço das decisões que você toma é sempre você. Certas ou erradas, as vitórias ou derrotas serão sempre suas. Não coloque suas decisões nas mãos dos outros, não se coloque nas mãos de ninguém. As pessoas, por mais queridas que sejam, são só companheiras de viagem. Somos espíritos eternos, de passagem nesta vida. Não perca a chance de ser independente. Só você é responsável pelas escolhas que faz na sua vida. Conte, mesmo, com você.

Sonhar e inventar moda é bom.

RENOVE-SE

O que significa renovar-se para você? O que você jogaria fora da sua casa? Do seu guarda-roupa? Da sua vida? O que você não experimentou e gostaria? O que você sempre teve vontade de fazer e foi adiando? O que dava muito prazer de fazer e você deixou de lado? Quando desistimos de sonhar, encolhemos nossos horizontes, ficamos insensíveis aos interesses do nosso espírito. "Invente moda", é isso que faz a gente ter gosto de viver. Que estes sejam dias de novidades, de abertura de caminhos, que você se permita realizar coisas que lhe tragam prazer. Coloque esse bem na sua vida a partir de agora.

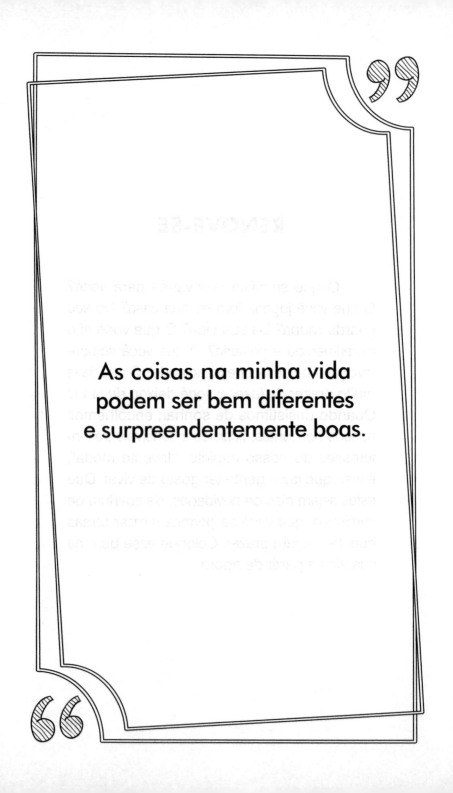

As coisas na minha vida
podem ser bem diferentes
e surpreendentemente boas.

CONTROLE X DOMÍNIO

Abandone agora todo controle mental. Você fica tenso e preocupado em controlar tudo como se fosse possível e como se isso fosse a solução dos seus problemas. As coisas acontecem independentemente do que planejamos. Saia da ideia de que só o que você conhece é bom e seguro. As coisas podem ser bem diferentes e surpreendentemente boas. O melhor controle é não controlar: isso é domínio. Faça o seu melhor, mas faça com prazer, com paixão, confie. Acredite mais em você. Deus mora aí dentro do seu peito e é essa força interior que movimenta a sua vida. Confie na perfeição do seu espírito e nas infinitas possibilidades que ele tem. Seu espírito sempre o leva, inteligentemente, para o que é melhor para você. Centrado no seu espírito, você não é influenciável pelas coisas de fora e está no domínio de si e da sua vida.

> A minha vida é um presente constante.

PRAZER

Faça de cada dia uma oportunidade única de viver com prazer. Não espere nada fantástico acontecer para despertá-lo; os pequenos prazeres do cotidiano, as coisas simples podem ser muito especiais e lhe causarem enorme prazer. Não se atropele fazendo muitas coisas ao mesmo tempo. Esteja inteiro fazendo uma coisa de cada vez. Preste atenção e veja que cada coisa, cada situação ou pessoa tem seu encanto, seu valor, sua beleza. As coisas têm detalhes que, na correria do dia a dia você nem sequer repara, não presta a mínima atenção. Tem sempre algo novo nas pessoas com as quais você convive todo dia. Curta cada momento. A vida é um presente constante. Tudo tem um lado bom, então, escolha estar sempre ligado com o lado melhor das pessoas e das situações. É esse bem, é essa disposição de ver o bem em tudo que faz a vida ser gostosa e prazerosa. Concentre-se nisso.

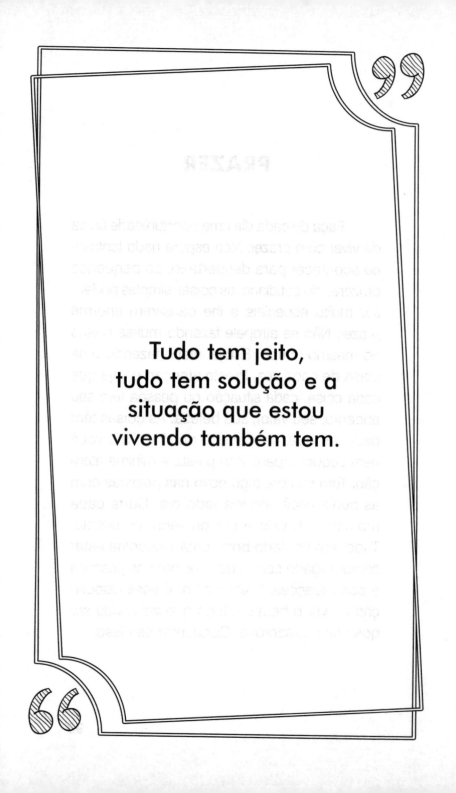

Tudo tem jeito, tudo tem solução e a situação que estou vivendo também tem.

NÃO DESSE JEITO

Tudo que dói, oprime, preocupa, nos mostra que algo está errado. A vida está dando sinais de que o jeito como está lidando com a situação não é o melhor jeito para você. Toda vez que se esforça, se dedica e parece que a vida está dizendo "não" para você, na verdade, ela está dizendo "não desse jeito". As soluções só aparecem quando acreditamos nelas. Tudo tem jeito, tudo tem solução e a situação que você está vivendo também tem. Confie. Algo em você sabe o próximo passo, a escolha mais inteligente, o jeito mais eficaz. Preste atenção no seu peito. Preste atenção no que sente. Todas as respostas estão aí. Deus não está fora, está dentro de você.

> Não aceito mais dúvidas.
> Só faço o que sinto que
> é bom para mim.

DÚVIDA

A dúvida só é positiva quando segue o impulso de curiosidade. Com mente aberta, podemos duvidar de certos padrões que não surtem resultado positivo. Nesse caso, a dúvida pode derrubar crenças que não funcionam para agregarmos padrões positivos e funcionais. O que é bom faz bem. O que não faz bem, não é bom, mesmo que socialmente seja aceito e aplaudido. A dúvida que não devemos ter é a que se opõe ao que você sente, impondo medos, fantasiando negatividades, tirando seu ânimo e sua coragem em seguir o que está sentindo dentro do peito. A dúvida é a maior inimiga da sua alma. Você já deu muita chance para a dúvida na sua vida. Sentiu, segue. Sua alma precisa dessa sua atitude para se expressar no mundo. Só esse caminho, de sentir e seguir em frente, é que vai levá-lo à realização.

DÚVIDA

Estou do meu lado, me apoiando sempre!

FICAR EM SI

Hoje é dia de treinamento. Dia de treinar a firmeza em si, de fazer as coisas do seu jeito, de ficar do seu lado e apoiar-se incondicionalmente, de aceitar-se do jeito que você é e sem se comparar a ninguém, de responsabilizar-se pelos seus atos a favor da sua felicidade, sem esperar nada dos outros. No final do dia verá que terá valido a pena ficar assim, do seu lado. Força e firmeza você só tem quando está centrado em si, cem por cento do seu lado, dando-se o melhor quando estiver na pior. Comece o seu dia com essa nova postura.

As experiências
trazem aprendizados,
amadurecimento,
me ajudam a enxergar
mais longe, tiram a minha
ingenuidade sobre
vários assuntos.

NÃO FUJA DAS EXPERIÊNCIAS

Não tenha medo de repetir os erros do passado. Não fuja das experiências com o pretexto de não sofrer. As situações nunca se repetem do mesmo jeito e você já não é mais o mesmo. As experiências trouxeram aprendizados, amadurecimento, ajudaram você a enxergar mais longe, tiraram a sua ingenuidade sobre vários assuntos. Você está sempre pronto e capaz para as situações que a vida lhe traz. Não perca a chance de vivenciar, permita-se experimentar de novo. Nunca será igual ao que já foi. Essa pode ser sua oportunidade de fazer algo mais positivo por você.

Oportunidades são bênçãos. Quando elas surgirem no meu caminho, não perco a chance de me permitir vivê-las.

ABENÇOE-SE

Abençoe a si mesmo. Tenha compaixão por si, olhando para si mesmo com bons olhos. Nós sempre damos o melhor que podemos, o melhor que sabemos em cada momento. Não dê valor ao erro, não se ligue a ele. O erro só serve para mostrar que estamos em um caminho que não é o nosso. Faz parte do aprendizado errar. Com certeza, você teve muito mais acertos que erros e o que conta é a sua disposição para sempre seguir em frente. Olhe para tudo o que você viveu e abençoe sua vida. Erros e acertos construíram a pessoa que você é hoje. O bom da vida é que sempre podemos recomeçar e fazer diferente. Oportunidades são bênçãos. Quando elas surgirem no seu caminho, não perca a chance de se permitir vivê-las. O pior arrependimento é sempre daquilo que não fizemos.

> **Tenho muita ajuda espiritual, o Invisível pode fazer o que para mim seria impossível.**

FICAR NO POSITIVO AGORA

Um futuro bom é construído no "aqui e agora" com nossas atitudes positivas. Invista positivamente neste momento presente. Capriche, não faça por fazer, faça com gosto, dê o melhor de si, se ligue com o seu sentir e siga o que sente, faça as coisas conectado com a Inteligência Divina. Temos muita ajuda espiritual, o Invisível pode fazer o que para nós seria impossível; portanto, acione essas forças para o acompanharem no seu dia a dia, para o inspirarem no melhor. Não converse com os pensamentos. Não dê espaço para o pensa-pensa, para o turbilhão de pensamentos que nubla sua clareza, enchendo-o de dúvidas e tirando seu foco. Ao colocar atenção ao que sente e ligar-se à Inteligência Divina, tudo flui a seu favor. Experimente. Plante isso agora e, com certeza, os frutos virão.

Sou um modelo exclusivo, criado pela Inteligência Divina para compor o universo diversificado e maravilhoso que tenho.

SEJA VOCÊ MESMO

Você, do jeito que é, sem tirar nem pôr, é sempre a sua melhor versão. Seu jeito único, diferente, é que faz o seu charme, é o que marca sua presença, é o que faz a diferença. Não se deixe levar pelas ideias do mundo que tentam igualar as pessoas, que exaltam modelos a serem seguidos, que estimulam a comparação e a competição. Siga seu mundo interior. A verdade aí dentro é que você é perfeito do jeito que é. Você é um modelo exclusivo, criado pela Inteligência Divina para compor o universo diversificado e maravilhoso que temos. Quer ter sucesso na vida? Quer ser feliz? Quer agradar sem fazer força? Seja você mesmo. Essa é a receita do sucesso.

Faço o meu melhor
e confio. Não preciso
provar nada a ninguém.

DESARME-SE

Vamos agora depor nossas armas, parar com as lutas, sair das batalhas. Quem luta crê em adversário e a vida sempre acaba trazendo opositores, resistência, dificuldades. Vamos escolher o caminho da paz. A paz acontece quando nossas atitudes se baseiam no que sentimos dentro do peito e confiamos que, inteligentemente, nosso espírito nos leva sempre ao que é funcional, ao que encaixa, soluciona, sem se preocupar com disputas de poder. Largue as disputas. Nelas, todos são perdedores. Coloque foco em si. Faça o seu melhor e confie. Você não precisa provar nada a ninguém. Fique do seu lado. Fique em paz.

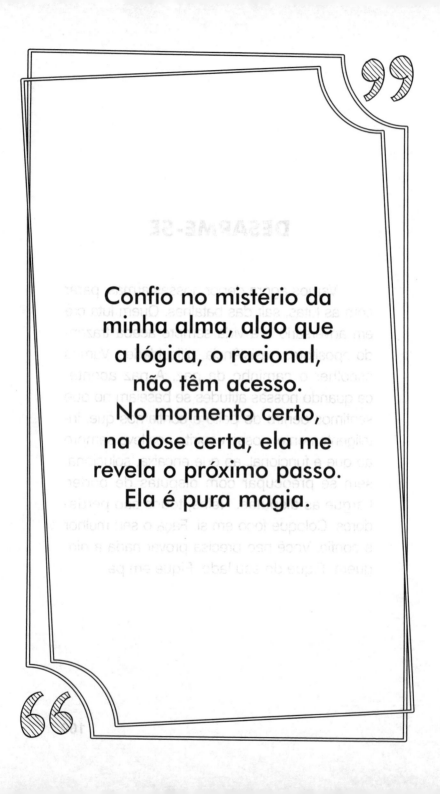

Confio no mistério da
minha alma, algo que
a lógica, o racional,
não têm acesso.
No momento certo,
na dose certa, ela me
revela o próximo passo.
Ela é pura magia.

MOMENTOS DE INCERTEZA

Quando estiver com dúvidas, não fique aflito querendo decidir com pressa. Não faça nada, pare de pensar a respeito. A dúvida lhe mostra que você está tentando escolher com base no que a mente diz. A mente mente. Só confie no que sente. Escolha decidir com a verdade da sua alma. Saia do pensa-pensa e deixe um espaço vazio para que, espontaneamente, sua alma se revele. "Tudo o que eu preciso saber me é revelado". Confie no mistério da sua alma, algo que a lógica, o racional, não têm acesso. No momento certo, na dose certa, ela lhe revela o próximo passo. Ela é pura magia. Confie.

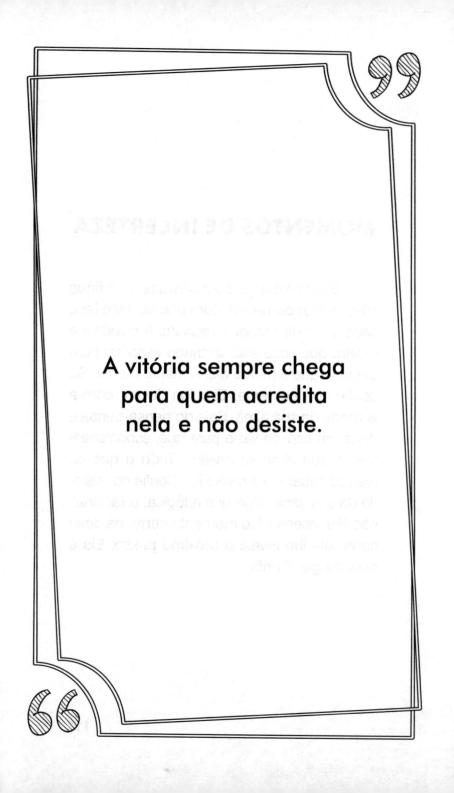

A vitória sempre chega
para quem acredita
nela e não desiste.

NÃO DESISTA

Você sempre tem uma saída, sempre acaba dando um jeito. Não se iluda com a ideia de que terá de desistir dos seus sonhos porque tudo lhe parece contrário a realização deles. Sempre há um jeito, um caminho, uma chance para quem persevera. Não desista do que sente que é para você, não se corrompa, nem se desvie do seu caminho, daquilo que você sente que é muito da sua alma. A vitória sempre chega para quem acredita nela e não desiste. Se permita ser mais louco, mais aventureiro. Pelo seu sonho, vale a pena, porque é isso que faz a vida ter gosto de ser vivida.

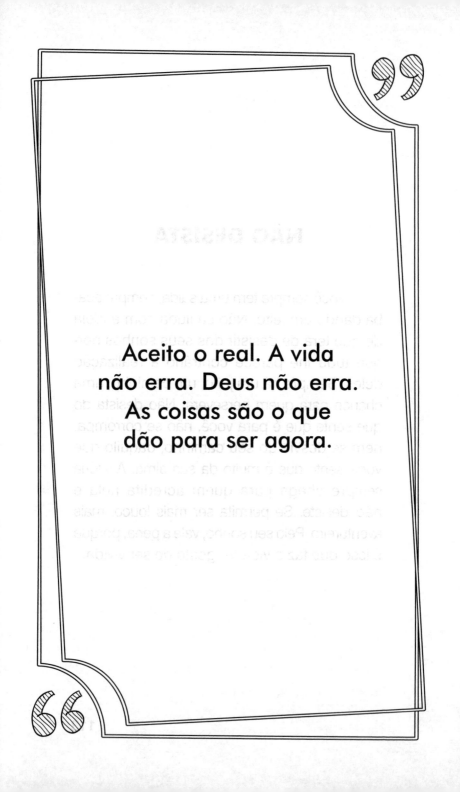

Aceito o real. A vida
não erra. Deus não erra.
As coisas são o que
dão para ser agora.

FUNDO DO POÇO

A vida leva a gente para o fundo do poço a fim de quebrar padrões, quando estamos na postura arrogante de achar que a vida deveria ser como sonhamos ou as pessoas deveriam ser o que queríamos que elas fossem. Quem já foi para o fundo do poço sabe o quanto dói estar lá e que desapegar-se das ilusões que criamos é sempre o remédio certo. Aceite o real. A vida não erra. Deus não erra. As coisas são o que dão para ser agora. Não aceitar é se amarrar na ilusão e se machucar. Não crie prisões onde não existem. Aceite o possível que este momento lhe oferece. Isso não quer dizer que as coisas não vão mudar, apenas quer dizer que, com os pés no chão, encarando a sua realidade, você estará mais lúcido para tomar decisões, escolher seu caminho. O que importa é que sempre podemos rever, recomeçar, nos reinventar. Aprenda o que puder, faça o que der, mas não desista de tentar.

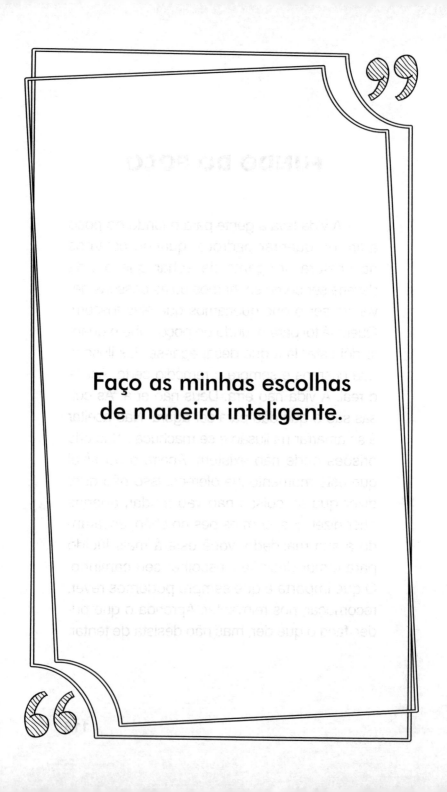

**Faço as minhas escolhas
de maneira inteligente.**

NÃO SE DEIXE INDUZIR

Fique atento à verdade do seu espírito, atento ao que sente. Não permita que as pessoas, o mundo de fora, o induzam a necessidades que você não tem, levando a comprar ideias e coisas, a interesses que não são seus, de fato. Seu espírito o guia e assinala suas reais necessidades e as melhores escolhas para você. Se ligue nisso. Não vá no impulso, pare e sinta antes de decidir. A conta das suas decisões quem paga é você. Então, escolha inteligentemente, examine o que sente.

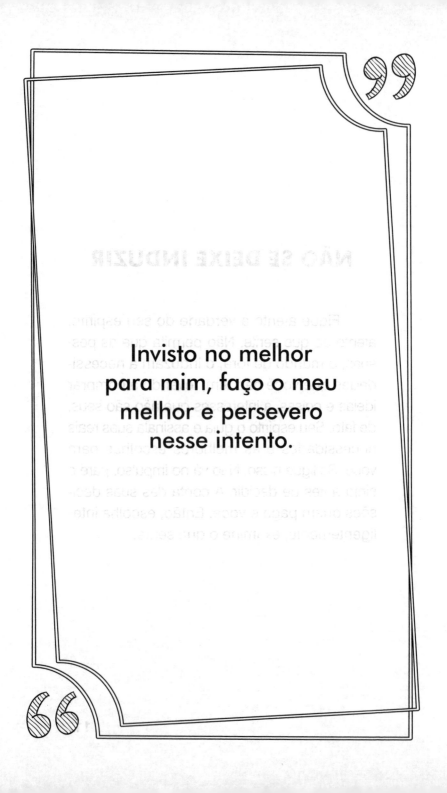

Invisto no melhor para mim, faço o meu melhor e persevero nesse intento.

CONQUISTAS

Não existe castigo, nem recompensa, o que existe é consequência. O plantio é livre, mas a colheita é obrigatória. Tudo na vida tem preço. A cada escolha, uma renúncia. Seja criterioso com os seus objetivos e verifique o que isso irá lhe custar para que você os atinja. Determine-se a fazer o que pretende com gosto, com vontade, com determinação, com alma e, fatalmente, os frutos virão. Invista no melhor para você, faça o seu melhor e persevere nesse intento. E quando atingir seus objetivos, parabenize-se, reconheça e celebre suas conquistas. Reforce sempre o seu valor pessoal para si mesmo. Você não precisa provar nada a ninguém, não precisa do aplauso de ninguém mas precisa do seu aplauso, de sentir que, haja o que houver, você sempre se apoiará, incondicionalmente.

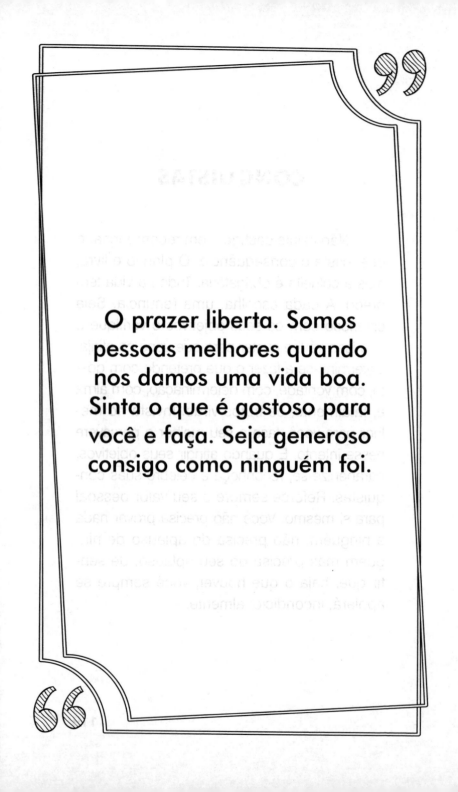

O prazer liberta. Somos pessoas melhores quando nos damos uma vida boa. Sinta o que é gostoso para você e faça. Seja generoso consigo como ninguém foi.

O PRAZER CURA

Toda cura passa pelo caminho do prazer. Permitir-se ter pequenas gentilezas e prazeres é atitude positiva que abre nossas portas interiores para a ajuda espiritual. Prazer é o que dá gosto pela vida, é o que faz tudo valer a pena, é o que eleva o espírito. O prazer liberta. Somos pessoas melhores quando nos damos uma vida boa. Sinta o que é gostoso para você e faça. Seja generoso consigo como ninguém foi. Você precisa dessa atitude consigo mesmo.

Sempre dou importância ao que sinto para tomar decisões.

INDEPENDÊNCIA

Não coloque as rédeas da sua vida nas mãos dos outros. Quanto mais dependemos dos outros, seja material ou emocionalmente, mais vulneráveis ficamos. Assuma a responsabilidade sobre sua vida. Liberdade e independência sempre andam juntas. Confie em si, siga o que sente. É você quem paga o preço ou lucra com as decisões que toma; portanto, não deixe os outros influenciarem ou decidirem por você. Procure atender seus reais interesses e necessidades e não as conveniências dos outros. Fique atento às influências de fora. Sua diretriz deve vir sempre de dentro de você. Dê importância ao que sente para tomar decisões.

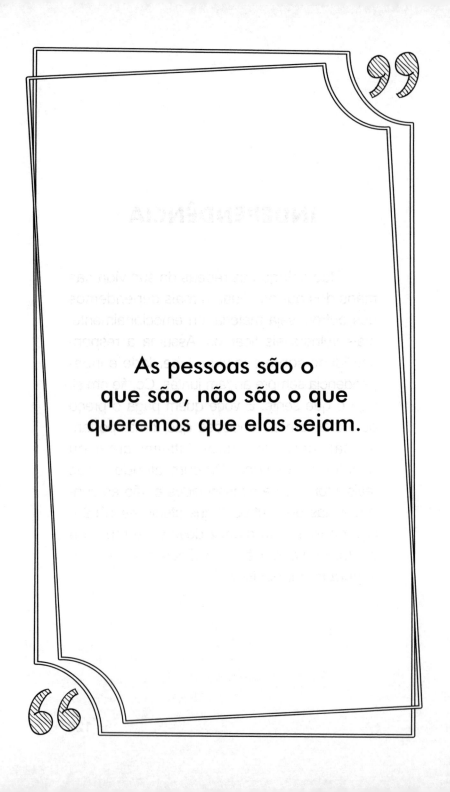

As pessoas são o que são, não são o que queremos que elas sejam.

MÁGOAS

Se você se sente ferido, magoado, não se coloque na posição de vítima. Como vítimas, somos impotentes e a solução não está nas nossas mãos. Aceite que tudo foi fruto das ilusões que você alimentou. Você não viu ou não quis ver as pessoas e as situações como elas eram na realidade, sem as fantasias que criou a respeito delas. Não se culpe, mas aceite que a responsabilidade foi sua, foi você quem escolheu acreditar na ilusão. As pessoas são o que são, não são o que queremos que elas sejam. Quando assumimos nossa responsabilidade pelas nossas ilusões, temos o poder de começar de novo, de fazer novas escolhas, sem cometer o mesmo erro. Se dê chance de rever isso. Esta é uma atitude libertadora.

Aceite o possível,
faça o possível, dê o
seu melhor e desapegue-se
do resultado.

COBRANÇAS

Vamos parar com tanta cobrança. As coisas vão ser o que dá para ser agora. Aceite que você está sempre fazendo o melhor que pode, do jeito que sabe neste momento. A cobrança, o julgamento e o perfeccionismo servem somente para paralisar você. Aceite o possível, faça o possível, dê o seu melhor e desapegue-se do resultado. Você é mais importante que as coisas. Fazendo o seu melhor e desapegando-se da cobrança do resultado, você está abrindo caminho para a ajuda espiritual. Confie na vida, na ajuda que o Invisível pode trazer, para tudo se encaminhar para o que for melhor pra você.

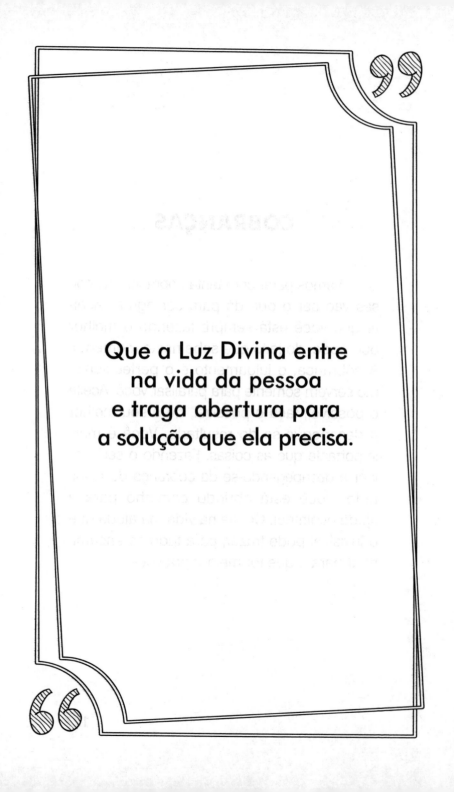

Que a Luz Divina entre
na vida da pessoa
e traga abertura para
a solução que ela precisa.

NÃO SE INTROMETA

Nunca se intrometa no processo de vida dos outros a pretexto de ajudar. A Inteligência Divina está no comando de tudo e colocou pessoas e situações na vida de cada um para promover o crescimento do ser. Não atrapalhe poupando as pessoas das lições que elas devem ter. Se você realmente puder ser um instrumento de ajuda, a pessoa em questão vai lhe pedir o auxílio, o conselho. Ela vai sinalizar que você pode prestar auxílio. Espere essa permissão para ajudar. Neste meio tempo, o que você pode fazer é abençoar e envolver a pessoa na luz. Que a Luz Divina entre na vida da pessoa e traga abertura para a solução que ela precisa. Respeito, muitas vezes, é mais importante que amor.

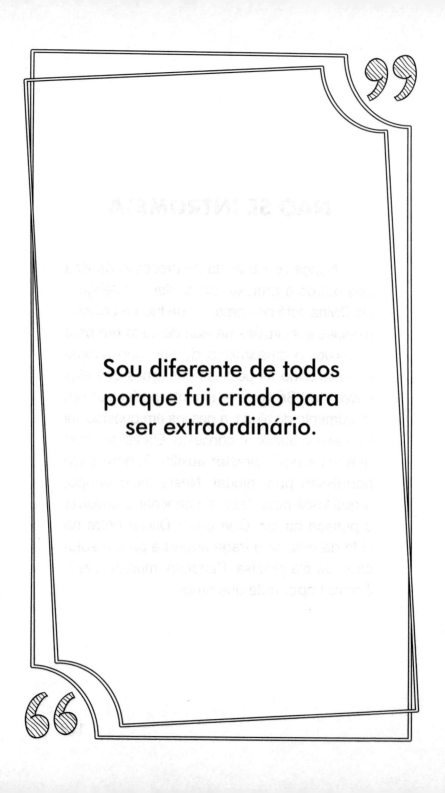

Sou diferente de todos porque fui criado para ser extraordinário.

VOCÊ É ÚNICO

A submissão aperta o peito, empurra-o para dentro, faz você se sentir menos, cria uma visão distorcida de si mesmo. Você é único, por isso, não há nada, nem ninguém que se compare a você. Pare de querer ser aceito, ser normal, ser igual a todo mundo. Você é diferente de todos porque foi criado para ser extraordinário. Sua ilusão foge dessa verdade e luta para que você seja e aja como todo mundo. Você não é quem pensou que fosse. Você é bem mais. Deus mora dentro do seu peito de um jeito muito seu. Você é Filho da Luz. Experimente o Divino que o compõe, seguindo o que sente. Se guie pelo que sente. Isso é Deus em você.

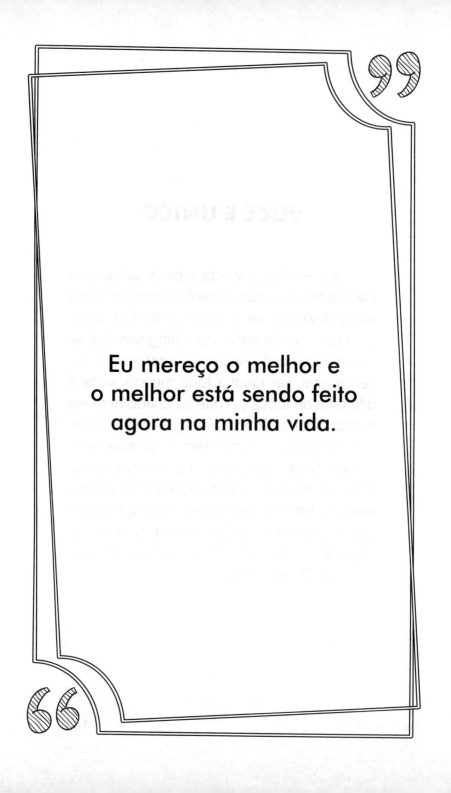

Eu mereço o melhor e o melhor está sendo feito agora na minha vida.

CONFIE NA VIDA

Não sofra pelo que você imagina que possa vir a acontecer, por mais que isso lhe pareça real. Entre o agora e o daqui a pouco, muita coisa pode mudar, muita solução pode chegar, muita ajuda pode acontecer. Para isso, fique firme na fé no bem. "Eu mereço o melhor e o melhor está sendo feito agora na minha vida". Incorpore essa ideia. A vida nos surpreende. Aquilo que queremos muito, muitas vezes não é o melhor pra nós. A vida, sabiamente, sempre nos traz o melhor. Confie.

CONFIE NA VIDA

> **Eu sempre faço o melhor que posso, o melhor que sei.**

NÃO É ERRADO ERRAR

Não é errado errar. O erro, geralmente, ensina mais do que o acerto. Às vezes, precisamos do contraste do erro para vermos com clareza o que é mais acertado para nós. Não se culpe, não se cobre, não exija que você tenha de saber coisas que não vivenciou ainda. Não seja arrogante. Você não "deveria" nada. Você sempre faz o melhor que pode, o melhor que sabe. Constatando um erro, simplesmente recomece e faça diferente, sem dramas. Preste atenção ao que sente, seu guia está dentro do seu peito. Deus mora aí, em você. O acerto vem daí.

O seu momento é agora.
Só neste momento você
tem o poder de realizar.
O resto é ilusão.

PREOCUPAÇÕES

Preocupar-se é crer que o mal pode vir daqui a pouco. Isso gera uma ansiedade imensa, um querer controlar o futuro para que nada de errado aconteça. Saia dessa loucura, dessa fantasia de querer controlar o que nem existe, o que nem aconteceu e pode ser que nem aconteça. O seu momento é agora. Só neste momento você tem poder de realizar. O resto é ilusão. Aproveite o momento presente para fazer o seu melhor e o futuro, fatalmente, será a colheita do que plantar hoje. Capriche a cada momento, curta fazer, coloque seu empenho, faça com alma. A vida sempre reagirá positivamente diante da sua atitude de fazer o seu melhor. Portanto, solte as preocupações, elas não têm outra função a não ser confundir, colocar dúvidas, deixá-lo inseguro. Tenha firmeza no bem. Confie em si, confie na vida. Ela sempre conspira a seu favor.

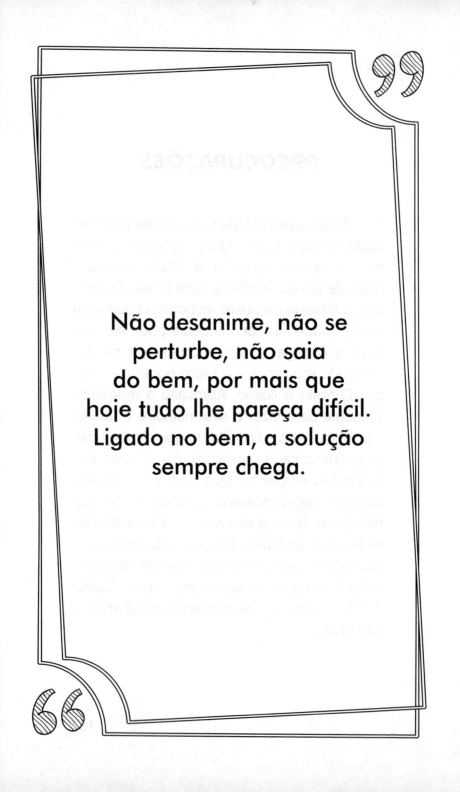

Não desanime, não se perturbe, não saia do bem, por mais que hoje tudo lhe pareça difícil. Ligado no bem, a solução sempre chega.

AMANHÃ É OUTRO DIA

Amanhã é outro dia e tudo pode ser diferente. Depois da noite escura, sempre amanhece, revelando com a luz toda a beleza escondida pela escuridão da noite. Não desanime, não se perturbe, não saia do bem, por mais que hoje tudo lhe pareça difícil. Deixe-se guiar por sua luz interior, pelo que sente dentro do peito. Ela é Deus em você: ação pura do amor que nutre, fortalece e cura, construindo a paz, estruturando a luz em você e o promovendo ao patamar mais elevado da comunhão com o Divino. Ligado no bem, a solução sempre chega. Paz no seu peito, agora.

Ninguém põe limites para nós, somos nós que acreditamos que temos limites. Não é preciso mudar tudo, mas você sempre pode dar um passo além.

ARRISQUE-SE

Não deixe a dúvida atrapalhar seus planos, tirar seu ânimo, fazer você desacreditar e desistir. Se dê a chance, hoje, de experimentar, de fazer do seu jeito, de seguir o seu sonho, sem dar ouvidos às opiniões dos outros. O pior arrependimento que você pode ter é de ver o tempo passar sem ter tido a coragem, a iniciativa de fazer algo por si, algo que gostaria de ter feito. Arrisque-se. Não adie mais. Você sempre pode mais do que acredita que pode e só quando se arrisca é que percebe isso. Ninguém põe limites para nós, somos nós que acreditamos que temos limites. Não é preciso mudar tudo, mas você sempre pode dar um passo além.

Eu sou perfeito
do meu jeito.

PERFECCIONISMO

Largue agora toda cobrança do tipo "eu tenho de..."ou "eu deveria..." Quando colocamos expectativas de desempenho, nos tensionamos, queremos ir além das nossas possibilidades no momento e acabamos não dando o nosso melhor. Largue o perfeccionismo. Essa perfeição idealizada não existe. O perfeito é fazer o seu melhor: o melhor que você sabe, o melhor que você pode. É isso que vai dar para ser agora. O resto é ilusão. "Eu sou perfeito do meu jeito". Fique com essa frase e pare de ser chato com você.

> Aceito a realidade.
> Só vai ser o que é
> possível agora.

TRIBUNAL NA CABEÇA

Tire o tribunal que você cultiva na cabeça. Não se julgue, não se culpe, não se empurre para dentro, não se desencoraje, nem se atormente. Incentive-se diante do erro a tentar de novo, procurando fazer o melhor que pode. Só é isso que vai dar pra ser por enquanto. Aceite a realidade. Só vai ser o que é possível agora. Não deixe o orgulho exigir o que não dá para ser ainda. Dê paz para você. Pare de tentar ser o que você não é. Sua verdade é sempre o seu melhor. Paz no seu caminho, paz na sua cabeça, paz em tudo o que você faz.

Não preciso provar nada para ninguém, só preciso apoiar-me em todas as minhas decisões, estar cem por cento do meu lado. Tenho por mim um amor e um respeito incondicional.

ERROS

Não se recrimine pelos erros que cometeu. Não é errado errar. Faz parte do aprendizado. Não dê ouvidos ao orgulho. Mais importante é ser inteligente em reconhecer o próprio erro do que sustentar o orgulho de querer ter razão. Quem erra é porque tentou acertar, tentou fazer diferente, tentou fazer melhor, tentou achar um caminho mais curto e proveitoso. Assim como errou, poderia ter feito um grande acerto; portanto, olhe para isso com bons olhos. Se precisar voltar atrás, volte. Você não precisa provar nada para ninguém, só precisa apoiar-se em todas as suas decisões, estar cem por cento do seu lado. Tenha por você um amor e um respeito incondicional.

Não me coloco nas mãos de ninguém, nem carrego o fardo dos outros.
Dou crédito ao que sinto.

PODER

Para quem você dá o seu poder? Ele costuma estar com as pessoas a quem você dá muito crédito e espera que elas preencham suas expectativas. Assuma o seu poder, tome posse de si, pare de se responsabilizar pela felicidade dos outros e pare de esperar que os outros o façam feliz. Não se coloque nas mãos de ninguém, nem carregue o fardo dos outros. Ficamos fracos e vulneráveis com isso. Dê credito ao que sente. Sua felicidade e suas necessidades são questões muito importantes. Não seja negligente consigo mesmo, não deixe que os outros interfiram ou tomem decisões por você. Você é sempre responsável por suas escolhas, inclusive, pela escolha de deixar que os outros escolham por você.

O futuro sou eu
quem faço, com as
atitudes que tomo agora.

ANSIEDADE

A ansiedade é o sintoma de quem vive no futuro. Quando fugimos de algo que nos incomoda, muitas vezes acreditamos que, ignorando a questão, vamos superá-la. Cultivamos, então, a esperança no futuro, na tentativa de escaparmos do que não está bom agora.

Todo poder de solução só é real no momento presente, pois nada muda se não mudarmos, se não buscarmos ver a verdade das coisas e aprendermos com elas. Não fuja de si, pondo esperanças no futuro. O futuro é você quem faz, com as atitudes que toma agora.

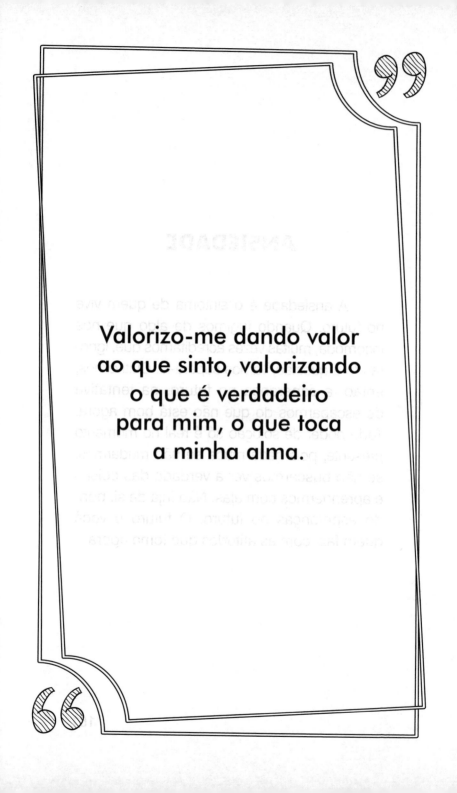

**Valorizo-me dando valor
ao que sinto, valorizando
o que é verdadeiro
para mim, o que toca
a minha alma.**

VALORIZAÇÃO

Temos que prestar contas unicamente à nossa consciência. Sinta o que é certo fazer. Não siga padrões. As regras foram criadas para organizar, para harmonizar, mas também para servir a interesses de grupos ou segmentos, por isso, tome suas atitudes baseado no que você sente. Seu espírito se manifesta dentro de seu peito; ele sabe o que é justo, adequado, sabe o que realiza e faz você feliz. Tenha a coragem de seguir as suas regras, confie no seu bom senso. Valorize-se dando valor ao que sente, valorizando o que é verdadeiro para você, o que toca a sua alma. Desperte para Deus dentro de você. Espiritualizar-se é se sentir divino.

O que passou, passou.

DEIXANDO IR

O que podemos fazer por nós agora para abrir os nossos caminhos? Quem e o que do seu passado está na hora de deixar passar da sua vida? Você sempre fez tudo que pode, tudo que sabia para acertar...os outros também. Todos nós estamos buscando a felicidade. Muitas vezes erramos, atropelamos os outros, outras vezes, são os outros que erram conosco. Faz parte da vida e do aprendizado que ela nos traz. Não se amargure com isso. O que passou, passou. Fique com as lições e deixe todo apego e todo sofrimento ir embora, para seu próprio bem. Só o bem produz o bem. Abra espaço interior para o positivo e se liberte do que não é mais funcional na sua vida. Se dê a chance de um recomeço mais maduro, com escolhas a partir do que você sente aí dentro do peito.

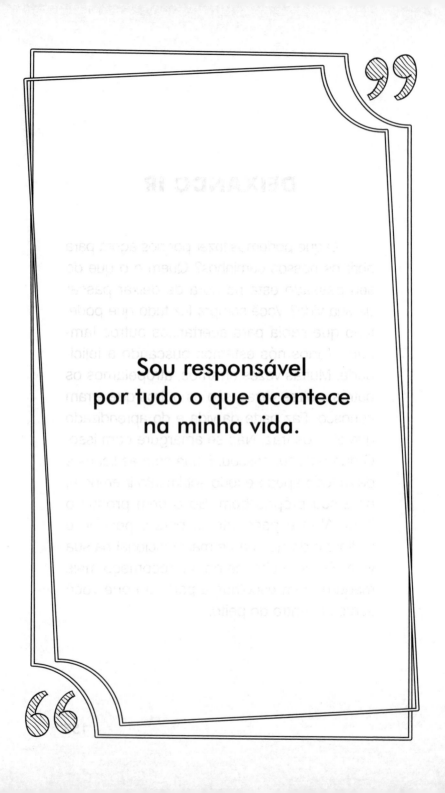

> Sou responsável
> por tudo o que acontece
> na minha vida.

VITIMISMO

Você tem pena de si mesmo? Quando a gente se coloca no papel de vítima, nos tornamos impotentes. Acorde para a realidade de que somos responsáveis por nós mesmos e quando estamos na ilusão de que somos vítimas, largamos o que estamos fazendo, desprezamos nossos esforços e conquistas e, nos colocamos para baixo, afundando na depressão. Só quando você assume que foi responsável pelas ilusões que alimentou é que você tem condição de sair dessa negatividade. A vida o trata como você se trata. Tome uma atitude a seu favor. Assuma as rédeas da sua vida. Os outros têm o poder que você dá a eles. Assuma o seu poder. Quando você quer, mesmo, nada e nem ninguém o segura.

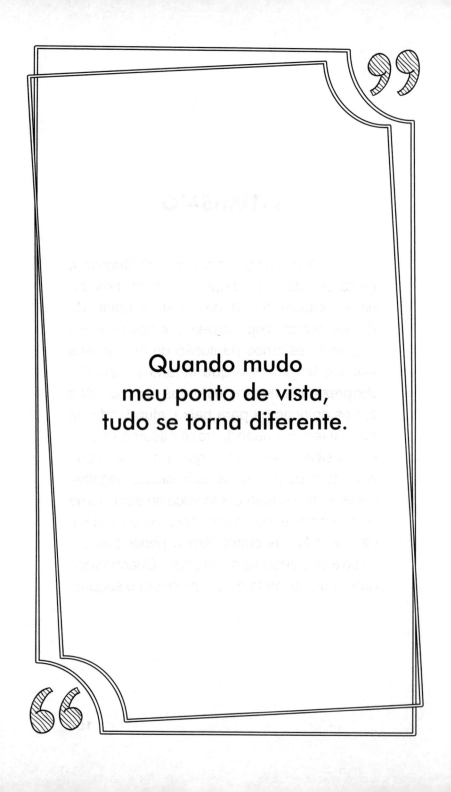

Quando mudo
meu ponto de vista,
tudo se torna diferente.

CRENÇAS

No você tem acreditado? Se algo não vai bem, examine as crenças que sustentam essa questão e desvalide. Preste atenção nas suas crenças. Elas sempre estão por trás do jeito como você olha para as coisas e como se comporta em relação a elas. É por meio das crenças, sejam elas boas ou más, que você cria e sustenta sua realidade. Se você acredita que a vida é difícil, observe como tudo lhe parece obstáculo, entrave, dificuldade. Mas você pode mudar a maneira de ver e começar a crer que tudo tem jeito, que tudo tem solução e, assim, vai vivenciar a experiência de encontrar uma saída, formas para lidar com as situações que surgem, principalmente as que lhe trazem desafios. Mude o ponto de vista e tudo pode ser diferente. Não fique cristalizado em padrões que não trazem resultados positivos. O que é bom, funciona. O bem faz bem. Ponha sua fé no que funciona para você, no que traz resultados bons.

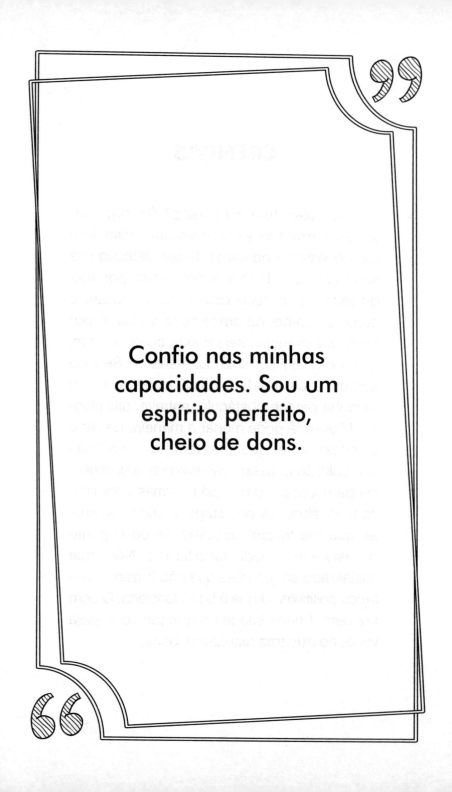

Confio nas minhas capacidades. Sou um espírito perfeito, cheio de dons.

SUCESSO

O sucesso não acontece para os que perdem tempo comparando o que fazem com o que os outros estão fazendo. Não chega também para quem busca segurança nos outros. O sucesso chega em consequência da atitude de dar o melhor de si todos os dias e seguir a intuição. Aceite que você tem o seu jeito para realizar as coisas, confie nesse seu jeito. Siga o que sente e não se constranja com ninguém. Você sempre vai saber como agir, se ligando com o que sente. Confie nas suas capacidades. Você é um espírito perfeito, cheio de dons. Tudo que você precisa está aí, dentro de você. Você tem a receita do seu sucesso. O sucesso não é o aplauso do mundo, o sucesso é o sentimento de plenitude, de realização que sentimos quando estamos atendendo verdadeiramente os anseios do nosso espírito. Confie mais em si.

Tudo depende. Importa o que funciona, o que soluciona, traz harmonia, põe ordem no caos, promove o bem.

DESISTA DE TER SEMPRE RAZÃO

Desista de querer ter sempre razão. Isso só alimenta o ego, além de ser desgastante e trabalhoso. Erramos menos quando aprendemos a observar mais. Às vezes, uma simples mudança de ponto de vista muda tudo. Se abra para considerar outras possibilidades, para analisar o que é funcional para você. Tudo é relativo. Tudo depende. Importa o que funciona, o que soluciona, traz harmonia, põe ordem no caos, promove o bem. Pense nisso.

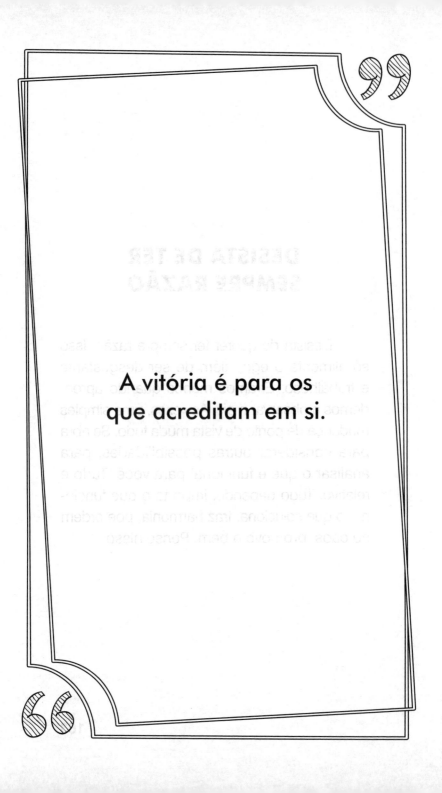

DESISTA DE TER SEMPRE RAZÃO

A vitória é para os que acreditam em si.

NINGUÉM É OBSTÁCULO

Nada nem ninguém é obstáculo para você. Somos nós que estabelecemos limites para nós mesmos, quando acreditamos que algo ou alguém tem poder de nos impedir de realizar o que queremos. Fortaleça a confiança em si e não se detenha. A vitória é para os que acreditam em si. Você se dá confiança? Ou vive prometendo a si mesmo coisas que depois não cumpre? Não se iluda colocando os outros como inimigos, como causas dos seus problemas. Seja verdadeiramente seu próprio amigo, se escute, dê importância ao que sente. É essa a chave de todas as soluções dos seus problemas.

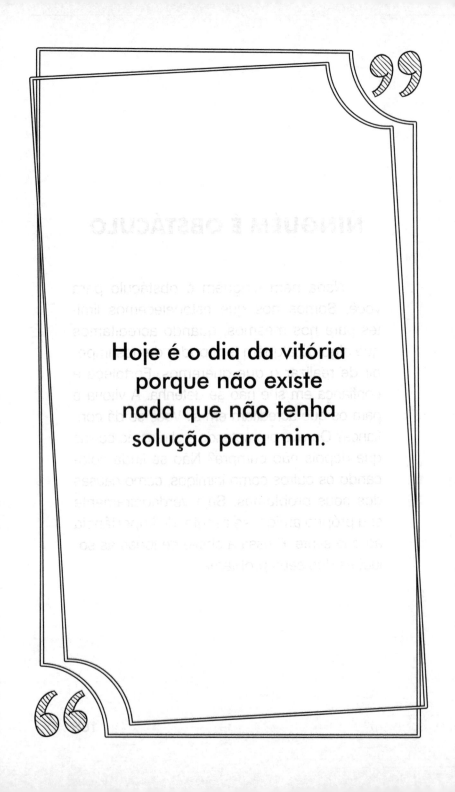

Hoje é o dia da vitória porque não existe nada que não tenha solução para mim.

HOJE É SEU DIA

Acredite. Hoje seu dia vai ser muito feliz. O universo conspira a seu favor porque hoje você decidiu tomar uma atitude positiva em relação a si mesmo. Hoje você decidiu dar trégua, parando de se cobrar, começou o dia na certeza de que nunca está sozinho fazendo as coisas: a Inteligência Divina o inspira e você faz tudo com capricho, curtindo, com gosto, prazer, com alma. Hoje você se abriu para se dar só o bem, o que já está fazendo toda diferença, trazendo seu ânimo de volta. Hoje seu dia será pleno porque seu peito já está cheio de paz. Hoje o seu dia é o dia da vitória porque não existe nada que não tenha solução para você.

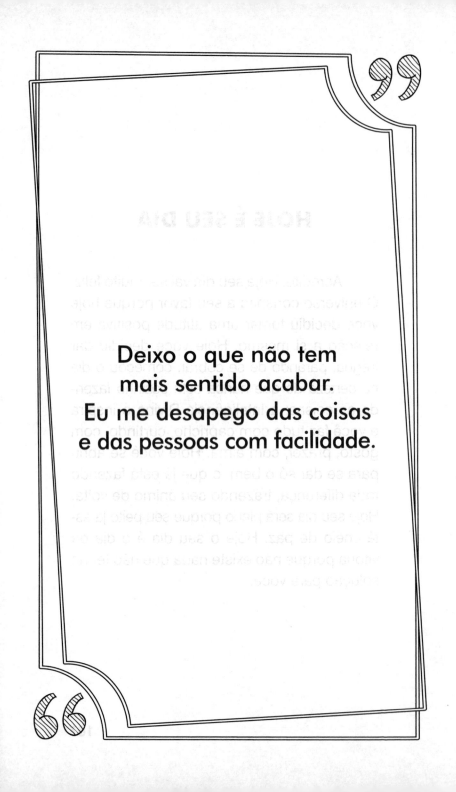

Deixo o que não tem
mais sentido acabar.
Eu me desapego das coisas
e das pessoas com facilidade.

VOCÊ SABE TERMINAR?

Você sabe terminar? Você consegue pôr um fim em tudo o que não quer mais? Você consegue largar o que só lhe traz prejuízo e que não tem nada a ver com você? Quando insistimos em manter laços, relacionamentos, situações sem aceitar que o fim dessa experiência chegou, entramos na ilusão do "para sempre" e encontramos o sofrimento. Nada é para sempre. Tudo é usufruto temporário. Tudo está em constante mudança, inclusive nós mesmos. Deixe o que não tem mais sentido acabar. Desapegue-se. Aproveite e se dê a chance de construir uma história de vida melhor.

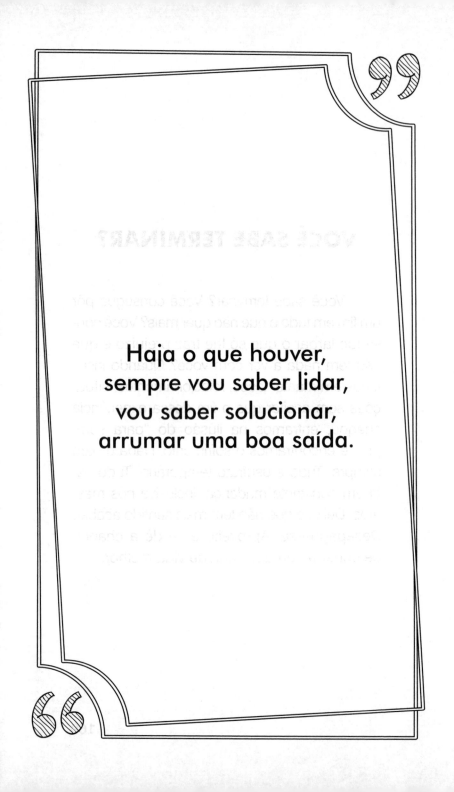

Haja o que houver, sempre vou saber lidar, vou saber solucionar, arrumar uma boa saída.

NÃO SOFRER POR ANTECIPAÇÃO

Não sofra por antecipação. Diante de qualquer situação, não deixe a mente catastrófica tecer imagens medonhas que paralisam ou o impulsionam a tomar atitudes precipitadas. "Paz. Tudo parece melhor do que parece ser". Espere para ver. A mente quer se antecipar. Confie que, haja o que houver, você sempre vai saber lidar, vai saber solucionar, arrumar uma boa saída. Deus não está lá fora. Ele vive dentro de você e é Ele que o guia. Por isso, confie no que sente e siga na certeza de que tudo tem jeito e a Inteligência Divina sempre o leva para a solução. Fique na paz e na luz do seu espírito.

> Não crio expectativas,
> vivo o que dá para
> ser a cada momento.

PROPÓSITOS DA VIDA

Você não está vivendo uma vida errada. Diante das situações que o desafiam, a vida sempre quer que você aprenda algo; então, esteja aberto para isso. O que importa é o que você tem agora, aprenda a lidar e aceitar o que é possível por enquanto. Não crie expectativas, viva o que dá para ser a cada momento. Seja manso, não adianta brigar com a vida. Ela sempre ganha porque tem propósitos inteligentes para o nosso crescimento, mesmo que não tenhamos capacidade de perceber isso nesse momento. Confie na vida e siga seu fluxo, dando sempre o melhor de si, atento ao que sente para fazer suas escolhas. Assim, a cada dia, respostas e soluções sempre vão chegar para que você transforme positivamente a sua realidade.

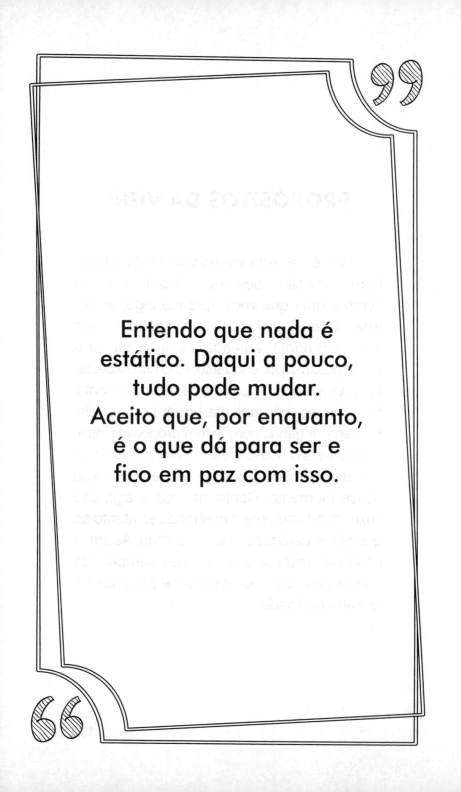

Entendo que nada é estático. Daqui a pouco, tudo pode mudar.
Aceito que, por enquanto, é o que dá para ser e fico em paz com isso.

ACEITAÇÃO

Aceitação não é cruzar os braços e não fazer nada. Aceitação é ter consciência de que, apesar de termos feito tudo que pudermos no momento, a realidade é soberana. O que é, é. O que não é, não é. Todo sofrimento acontece porque não aceitamos isso. É tão simples, mas complicamos a vida querendo que o que não é, seja, e o que é, deixe de ser... Experimente ser manso com a vida. Ceda. Nada é estático. Daqui a pouco, tudo pode mudar. Só aceite que, por enquanto, é o que dá para ser e fique em paz com isso. Quando as coisas não mudam do jeito que você queria, é porque talvez esteja no momento de mudar algo aí dentro, mesmo que seja só um ponto de vista.

Estou aberto e flexível
para as mudanças,
sempre pronto para
aprender, me reinventar,
sentir o fluxo da vida
e seguir em frente.

AUTODEFESA

Não se defenda tanto. Não se feche a ponto de impedir que as pessoas se aproximem. Com medo de nos decepcionar e sofrer, vamos ficando sós. Se ligue no melhor das pessoas e se arrisque. Se realmente houver algum perigo, você vai sentir. Confie nos seus sensos para se guiar. Mas não se coloque numa concha, isolado, a pretexto de não se machucar. Na defesa, você se cerca de limites, nega a si mesmo a aventura da vida e com isso, perde o ânimo, o gosto de viver. Não busque certezas e seguranças nas pessoas e nas situações. Não queira controlar tudo para dar certo. Você não vai conseguir. A vida é soberana, ela sempre vence. Esteja aberto e flexível para as mudanças, esteja sempre pronto para aprender, se reinventar, sentir o fluxo e seguir. Confie na Presença Divina que vive em você e o guia. Ela é a sua real defesa e seu porto seguro.

**A vida me trata
como eu me trato.**

O VERDADEIRO VALOR

Você não precisa ser forte o tempo todo, não precisa saber de tudo, ter respostas para tudo. Você não precisa ser um super-homem ou mulher-maravilha para ter valor. Você não precisa de nota, não precisa se comparar a ninguém. Não se iluda esperando ser alguém para o mundo com essas exigências perversas, cobrando e tirando da sua vida todo o seu prazer. Valorização não depende do que fazemos fora. Valorizar-se é dar valor ao que sente, é seguir o que sente. Quantas vezes você se esforçou, fez tudo como manda o figurino e deu tudo errado? E se sentiu desvalorizado? Reveja. A vida o trata como você se trata. Negue-se àquilo que é feito só por dever. Siga o que sente. A luz do seu espírito, aí dentro do peito, é Deus em você. Dê valor ao divino em você e esse poder divino se manifestará em tudo que fizer.

Garanto para mim que, no pior, eu me dou o melhor.

NÃO SE DEIXE INTIMIDAR

Quando o medo chegar, acovardando você, pare e sinta: quem sou eu para mim? Aprendemos a desacreditar de nós mesmos, aprendemos a usar os outros como referência e desconectar de nós mesmos. Acostumamos a nos apoiar nos outros, sempre querendo aprovação deles e negamos o nosso apoio. Assim, nos tornamos frágeis e inseguros. O que pode acontecer se você se arriscar a fazer o que sente? Se der errado, você vai se maltratar, se condenar, se colocar para baixo? Pare com isso agora e garanta para si mesmo que no pior, você dá o melhor. Se der tudo errado, você começa de novo, se apoia, você não se abandona. O que o segura é o medo da maldade que você faz consigo mesmo, caso não der certo. Se der errado, paciência, você tentou acertar. Comece agora a ser seu melhor amigo. Isso é o que você mais precisa nessa vida. Sem seu apoio, sua vida nunca será o que deveria ser.

Aceito os desafios,
me transformo por meio
deles, me permito ter
outros pontos de vista,
sou flexível, sempre aberto
a novas ideias.

DESAFIOS

A vida traz o que o seu espírito quer e precisa para desenvolver seus dons e talentos. Ela não segue os caprichos da mente desejosa. Deixe a vida surpreendê-lo. Aceite os desafios que ela lhe propõe. Tenha a certeza que a vida traz situações para o seu fortalecimento e superação, sempre. Seja manso com a vida. Não brigue com ela. Ela sempre vence, pois o propósito dela é sempre seu crescimento. Queira ou não, você terá que cumprir o seu destino: evoluir sempre. Não há como estacionar numa zona de conforto. Aceite os desafios, transforme-se por meio deles, se permita ter outros pontos de vista, seja flexível, esteja sempre aberto a novas ideias. A vida é generosa se dermos atenção aos sinais que ela nos dá, indicando a necessidade de mudança de atitude. Esteja sempre pronto para mudar, para que o fluxo da vida esteja a seu favor.

> Vivo o possível,
> curto o melhor que o
> momento me oferece.

PONTO DE VISTA

Não é o que você tem, ou o que você é, ou onde você está, ou o que você anda fazendo que o torna feliz ou infeliz. É como você olha para cada uma dessas coisas. Tudo depende do ponto de vista. A forma como olhamos para as coisas faz toda a diferença. Saia das idealizações fantasiosas de como as coisas deveriam ser. As pessoas e as situações são o que são. Pare de sofrer querendo o que não dá para ser, ainda. Tem muita coisa boa na realidade em que você vive. A fantasia do ideal não deixa você ser feliz com o real. A felicidade já está aí. Viva o possível, curta o melhor que este possível lhe oferece. Você vai se surpreender com tanta coisa boa que você nunca parou para ver, entorpecido pelas ideias de como as coisas deveriam ser.

Deus está no comando da vida e, inteligentemente, está guiando os meus processos para o sucesso.

DRAMALHÃO

Toda vez que tiver uma questão, não olhe pra ela como um problema. Problema já sugere dificuldade, complicação. É apenas uma situação. Tudo tem jeito, tudo tem solução e você sempre saberá resolver as questões que a vida traz para você. Largue agora o "dramático" que existe em você. Toda vez que uma situação parecer um problemão, identifique logo que tem muito drama exagerando a situação, tentando criar medo, pondo empecilho. Acima das ideias negativas da mente, Deus está no comando da vida e, inteligentemente, está guiando os processos de cada um de nós para o sucesso. Para encontrar uma saída, a receita é foco no bem e na solução, sempre.

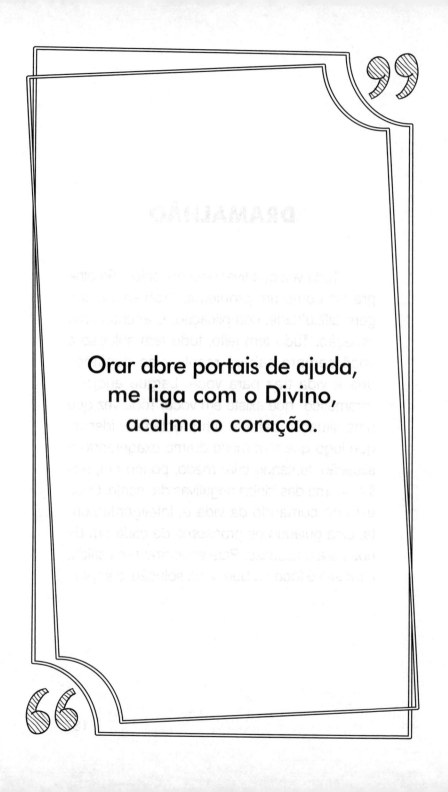

> Orar abre portais de ajuda,
> me liga com o Divino,
> acalma o coração.

O PODER DA ORAÇÃO

Ore, mas ore com pureza. Volte, por um instante, para aquele momento quando você era criança e alguém o ensinou a orar. Orar abre portais de ajuda, liga você com o Divino, acalma o coração. Ore na certeza de que o Invisível tem condições para fazer o que lhe parece impossível. Não direcione, não queira controlar ou que as coisas se resolvam do jeito que você imaginou. Se entregue na confiança absoluta de que a Inteligência Divina sempre traz o melhor pra nós. Ore e esteja aberto e receptivo para as bênçãos que virão. Orando, você está batendo e a porta vai se abrir. Fé no bem!

Grandes sucessos de Zibia Gasparetto

Com 18 milhões de títulos vendidos, a autora tem contribuído para o fortalecimento da literatura espiritualista no mercado editorial e para a popularização da espiritualidade. Conheça os sucessos da escritora.

Romances
pelo espírito Lucius

A verdade de cada um
A vida sabe o que faz
Ela confiou na vida
Entre o amor e a guerra
Esmeralda
Espinhos do tempo
Laços eternos
Nada é por acaso
Ninguém é de ninguém
O advogado de Deus
O amanhã a Deus pertence
O amor venceu
O encontro inesperado
O fio do destino
O poder da escolha
O matuto
O morro das ilusões
Onde está Teresa?
Pelas portas do coração
Quando a vida escolhe
Quando chega a hora
Quando é preciso voltar
Se abrindo pra vida
Sem medo de viver
Só o amor consegue
Somos todos inocentes
Tudo tem seu preço
Tudo valeu a pena
Um amor de verdade
Vencendo o passado

Crônicas

A hora é agora!
Bate-papo com o Além
Contos do dia a dia
Pare de sofrer
Pedaços do cotidiano

O mundo em que eu vivo
O repórter do outro mundo
Você sempre ganha!
Voltas que a vida dá

Coleção – Zibia Gasparetto no teatro

Esmeralda
Laços eternos
Ninguém é de ninguém

O advogado de Deus
O amor venceu
O matuto

Outras categorias

Conversando Contigo!
Eles continuam entre nós vol. 1
Eles continuam entre nós vol. 2
Em busca de respostas
Eu comigo!
Grandes frases
Momentos de inspiração

Pensamentos vol. 1
Pensamentos vol. 2
Recados de Zibia Gasparetto
Reflexões diárias
Vá em frente!

Conheça mais sobre espiritualidade com outros sucessos.

🏠 vidaeconsciencia.com.br /vidaeconsciencia @vidaconsciencia

Rua Agostinho Gomes, 2.312 – SP
55 11 3577-3200

contato@vidaeconsciencia.com.br
www.vidaeconsciencia.com.br